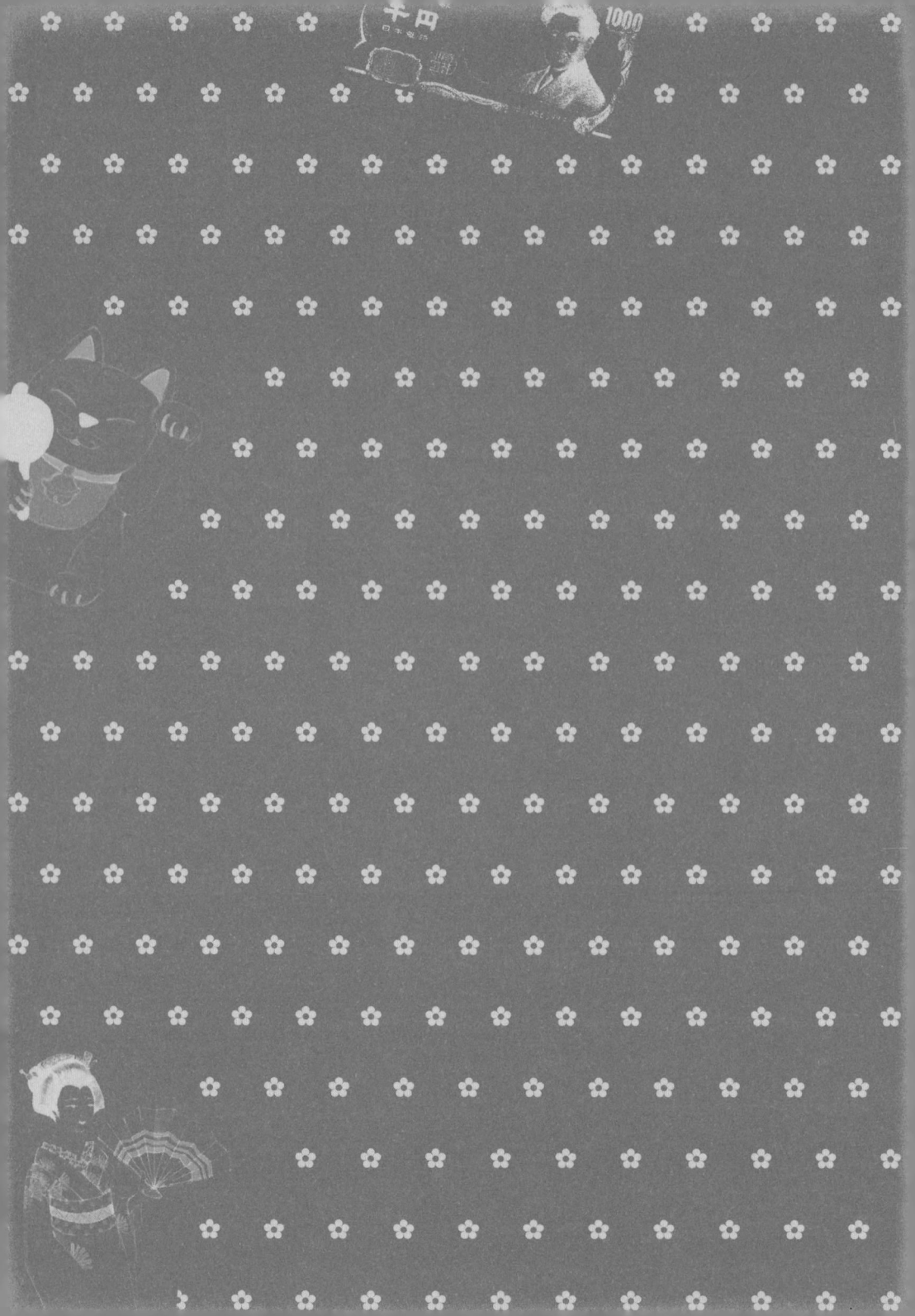

내 인생을 바꾸는
일본에서 홀로서기

내 인생을 바꾸는
일본에서 홀로서기

2007년 11월 28일 **초판 1쇄 발행**
2015년 9월 22일 **개정 4쇄 발행**

지은이 최병우
감수 오츠카 토시히데

펴낸이 김영철
펴낸곳 국민출판사
등록 제6-0515호
주소 서울특별시 마포구 동교로 12길 41-13(서교동)
전화 (02)322-2434 (대표)
팩스 (02)322-2083
홈페이지 www.kukminpub.com

편집 최용환, 양승순, 김옥남
디자인 서정희
표지 디자인 송은정
내지 디자인 백미애
영업 김종헌, 이민욱
경영 지원 한정숙

ⓒ 최병우, 2007
ISBN 978-89-8165-180-0 13980

- 이 책은 저작권법에 따라 보호받는 저작물이므로 무단전재와 무단복제를 금지하며,
  이 책의 전부 또는 일부를 이용하려면 국민출판사의 서면 동의를 받아야 합니다.
- 잘못 만들어진 책은 구입한 서점에서 교환하여 드립니다.

狀·況·別·日·本·語

내 인생을 바꾸는
일본에서
홀로서기

지은이 | 최병우

저자의 한마디

서울올림픽 이후 해외여행 자유화정책으로 인해 굳게 닫혔던 유학의 문이 활짝 열리게 되자 나에게도 기회가 찾아왔다. 부모님의 도움 없이 스스로의 힘으로 공부하려는 의지가 강했던 나는 일단 한국에서 일본 생활에 필요한 최소한의 기초적 일본어만 뗀 상태에서, 두려움 반 설레임 반으로 일본으로 유학을 떠났다.

일본 생활 초기에는 먹고, 살고, 공부하기 위해서라도 일본어 공부에 많이 매진하였고, 일본어 실력이 늘어나고 일본에 대한 이해가 많아질수록 여러 가지 아르바이트와 공부도 열심히 할 수 있었다.

일본유학을 마치고 귀국해서는 중앙대학교 일본어 교육원에서 내가 일본에서 생활하면서 겪었던 일본에 대한 Know-how와 특히 일본대학에서 공부하면서 받았던 장학금 혜택, 유학 생활에 대한 조언 등 '꼭' 필요한 정보를 제공해 주었다.

그리고 내가 일본에서 몸담았던 '재일 한국유학생 연합회'와 그 OB회 격인 '한국일본 유학생 연합회' 등의 단체에서 활동하면서, 나름대로 한일우호와 증진, 한일교류에 이바지하고자 각종 행사에 적극 참여하였고, 일본에서 공부하게 될 후배들을 위해서 '일본 학생기구'와 '일본어 교육진흥협회', '동경도 전수학교' 등 일본의 각종 학교 총 연합회와 함께하는 '일본유학 박람회'의 실무자로서 지난 10여 년 동안 계속 진행을 해왔다.

그리고 지금은 일본 전문 유학원인 '미래유학'과 네이버카페 '일본에서 홀로서기'를 운영하면서 현재 일본에서 생활하고 있는 학생들에게 꾸준한 관심을 보이고 있으며, 다양한 커뮤니케이션을 통하여 그들이 보다 성공적인 일본 생활을 할 수 있도록 돕는 것이 내 사명이라고 생각하고 있다.

이 책을 쓰면서 수집한 살아있는 생생한 정보들과 일본에서의 경험이 앞으로 일본으로 출국하여, 일본 생활을 시작할 사람들에게 커다란 도움이 되길 진심으로 바란다.

Thanks

이 책을 내는데 도움을 주신 국민출판사 김영철 사장님과 일본에서 유학 중인 다수의 학생들과 일본어부분을 감수해주신 장안대학의 일본어교수 오츠카 토시히데 교수님께 감사드립니다.

일러두기

- 이 책은 워킹홀리데이, 어학연수, 유학, 배낭여행, 비즈니스 등으로 일본으로 출국하는 모든 분들을 위하여 참고가 되도록 만든 일본생활 안내서입니다.

- 저자의 일본생활경험과 관련기관 자료 및 현재 일본에서 생활 중인 학생들의 경험을 바탕으로 만들어졌습니다.

- 일본에 가기 전 준비해야 할 것부터 출국에서 입국 그리고 일본생활, 학교생활, 아르바이트, 관광에 이르기까지 귀국까지의 전반적인 내용을 다루었습니다.

- 책의 내용 각 상황별로 필요한 실용일본어를 정리해놓았습니다.

- 현지에서 바뀐 내용이나 새로운 정보가 필요하시면 네이버카페 일본에서 홀로서기 또는 미래유학 홈페이지를 참고하시기 바랍니다.

일본생활 성공하는 방법

한국에서도 외국어 공부를 할 수 있지만 워킹홀리데이나 어학연수 등으로 일본에까지 가는 학생들의 목적은 언어습득과 함께 일본문화도 체험하기 위해서일 것이다. 일본 워킹홀리데이비자의 모집인원은 해마다 늘어나서 현재 1년에 7,200명에게 비자를 발급해준다. 유학비자로 일본에 가는 학생들까지 포함하면 매년 엄청난 숫자의 학생들이 일본을 경험하러 간다.

일본에서 최소 6개월이나 1년 이상을 예상하고 떠나는 학생들에게 가장 중요한 것은 자신의 원래 목적이 무엇인지를 끝까지 잊지 않는 것이다. 외국에서 주위의 간섭 없이 혼자서 자유롭게 생활하다 보면 자신이 왜 거기까지 왔는지를 잊어버리고 즐기기만 하거나 일만 하다가 돌아가는 경우도 많다. 단순히 돈을 모으기 위해서나 한국인 친구를 많이 사귀기 위해 힘들게 워킹홀리데이비자나 유학비자를 받아 일본까지 가는 사람은 아마 없을 것이다. 그럼 대부분 학생들의 공통적인 목적인 외국어능력 향상과 일본문화체험을 제대로 하려면 어떻게 하면 좋을까? 많은 학생들이 '외국에 가기만 하면 언어야 어떻게 되겠지' 라고 생각하는데 본인이 노력하지 않으면 한국에서 열심히 공부한 학생들보다도 실력이 더 못한 경우가 허다하다. 우선 한국에서 비자를 준비하면서 일본에 가기 전까지는 독학이든 학원에서 배우든 기초를 탄탄히 다져서 가자. 어느 나라든 외국에 가게 되면 그 나라말을 잘하는 만큼 자신이 할 수 있는 일이 늘어나고 손해 볼 일은 적어진다.

일본에 가서 가장 중요한 것 중 하나가 일본인 친구를 많이 사귀는 것이다. 일본에 가보면 학생은 학생대로 사회인은 사회인대로 저마다 자기생활이 있고 모두 바쁘게 살고 있어서 어떤 한 공동체에 포함되지 않는 이상 현지인 친구를 사귀는 것이 쉽지가 않다. 일본어학교에 가도 선생님 외에는 모두 외국인(한국인, 중국인 등)뿐이니까. 하지만 노력하면 안 되는 일이 없듯이 현지인 친구를 사귀는 방법도 적지 않다. 우선 일본에 가면 많은 학생들이 아르바이트를 하게 되는데, 가능한 한 현지인 가게에서 또래의 일본 친구들과 함께 일하는 일자리를 찾자. 그럼 돈도 벌면서 같은 아르바이트생 입장으로 만나 자연스럽게 친구가 될 수 있다. 그리고 구청이나 시청 같은 곳에서 알아볼 수 있는 무료 일본어수업이나 보란티아(volunteer) 등도 적극 활용하자. 무료 일본어수업은 공짜로 일본어를 배울 수 있으니까 당연히 좋은 것이고, 보란티아는 아르바이트와 같은 맥락으로 자원봉사를 하면서 자연스럽게 일본사람들과 친해질 수가 있다. 또 다른 한 가지는 일본에서도 취미생활을 열심히 하는 것이다. 여러 가지 운동이나 음주가무를 즐길 수 있는 클럽이라든지 기타 다양한 취미활동을 함으로써 같은 관심사를 가진 사람들을 많이 알게 된다.

유학비자로 일본에 가면 지역을 이동할 수가 없어서 타지역은 단기여행밖에 못 하지만, 워킹홀리데이비자는 언제라도 원하는 곳으로 이동이 가능하다. 워킹홀리데이비자를 받은 사람은 이 큰 장점을 잘 활용해야 한다. 단순히 일을 무제한으로 할 수 있다고 좋아해서는 안 된다. 어느 곳이라도 이동이 가능하다는 말은 그 만큼 큰 범위에서 할 수 있는 것들이 많아진다는 것을 의미한다. 예를 들어 처음에는 대도시에서 일본어학교를 다니며 도시생활을 즐기다가, 겨울이 되어선 홋카이도나 나가노의 스키장에서 일하며 스노보드를 탈 수도 있고, 여름이 되면 치바나 오키나와의 해변에 있는 호텔에서 일을 하며 서핑과 스쿠버다이빙을 배울 수도 있는 것이다.(생각만 해도 완벽한 워킹홀리데이 아니니?^^)

마지막으로 아르바이트의 양이다. 워킹홀리데이비자로는 시간의 제한 없이 아르바이트를 할 수 있지만, 실제로 가장 적당한 일의 양은 유학비자에서 제한하고 있는 주당 28시간이다. 돈을 많이 벌기 위해서 일본에 온 것이 아니기 때문에 공부도 하고 다양한 체험도 해보려면 이 정도로 아르바이트를 하는 것이 가장 적당하다. 그리고 외국에서 생활하는 것이 언제라도 가능한 일은 아니니까 어떤 나라에 갔다면 보고 싶은 것들은 모두 보고 돌아오자. 그럼 이제 방법은 모두 알려줬으니 나머지는 실천하는 일만 남았다.^^ 화이또!!

목차
CONTENTS

Part 1. 출국 준비
- 12   1. 비자별 특성 안내
- 14   2. 워킹홀리데이비자 신청하기
- 18   3. 사증신청서, Resume, 진술서 작성방법
- 24   4. 어학연수를 위한 유학비자 신청하기
- 26   5. 지역 선택하기
- 30   6. 어학교 선택하기
- 34   7. 일본의 학제
- 36   8. 항공권 예약
- 38   9. 준비물과 짐 꾸리기

Part 2. 출국하기
- 46   1. 비행기에서
- 50   2. 입국심사
- 52   3. 공항에서 도시로 가는 교통편

Part 3. 숙소 구하기
- 58   1. 임시숙소
- 63   2. 장기숙소

Part 4. 일본 초기생활 안내
- 68   1. 외국인등록증 만들기
- 70   2. 국민건강보험 가입하기
- 71   3. 재입국허가서 받기
- 72   4. 자전거 이용안내
- 73   5. 통장 개설하기
- 74   6. 핸드폰 구입과 전화사용

Part 5. 일상 속으로
- 78   1. 일본 음식
- 79   2. 일본 쇼핑
- 84   3. 병원/약국 이용하기
- 86   4. 미용실 이용하기
- 87   5. 일본 구립시설 이용하기
- 89   6. 일본의 대중교통
- 96   7. 자동차 렌트와 구입

Part 6. 일본 즐기기
- 102   1. 일본의 패스트푸드점
- 104   2. 라면보다 싼 덮밥 전문점
- 106   3. 저렴하고 맛있는 패밀리 레스토랑
- 110   4. 일본 클럽 탐방
- 118   5. 생활에 유용한 가게들
- 122   6. 전자제품 할인매장
- 124   7. 패션빌딩(쇼핑몰)
- 126   8. 일본 아울렛

Part 7. 아르바이트 구하기

- 130 1. 자격 외 활동허가서 만들기
- 131 2. 아르바이트 구하기
- 136 3. 일자리가 많은 일본의 리조트

Part 8. 일본의 명문학교들

- 146 1. 분야별 명문 전문학교
- 150 2. 한국보다 학비가 싼 국립대학교

Part 9. 일본생활 Tip

- 158 1. 일본인 친구 사귀기
- 159 2. 일본어 공부방법
- 161 3. 일본생활 주의점
- 165 4. 생활비 절약하는 방법
- 167 5. 비상 연락처

Part 10. 일본 이모저모

- 170 1. 일본의 3대 마쯔리
- 173 2. 연중행사
- 178 3. 일본 3대 하나비 & 도쿄의 하나비
- 182 4. 일본의 대표 온천마을
- 184 5. 일본라멘/중화소바 체인점 Best5
- 186 6. 일본 공휴일

Part 11. 일본 아르바이트와 일본어

- 190 1. 도시 아르바이트 완전분석
- 193 2. 아르바이트 일본어
- 198 3. 일본 신문 장학생

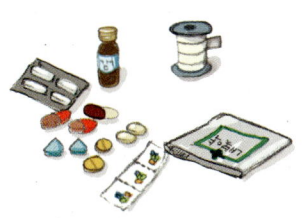

Part 12. 귀국하기

- 200 1. 귀국 준비
- 204 2. 출국수속

- 206 *나의 일본 체험기
- 212 *도쿄, 오사카 중심부 지도
- 216 *주요 도시 전철노선
- 221 *일본어 변환표

출국 준비

1. 비자별 특성 안내

워킹홀리데이비자

워킹홀리데이비자는 양국의 젊은이들이 상대국가에서 1년 동안의 체험을 통해 그 나라의 문화를 습득하고 견문을 넓힐 수 있는 기회로, 국가 간의 상호이해와 교류증진을 목적으로 한다. 1년 동안 관광도 하고 원하는 공부를 할 수 있으며 아르바이트가 시간제한 없이 허용되는 비자이다. 평생에 딱 한번 만 30살 이전에만 비자를 받을 수 있다. 일본에서는 흔히 Working Holiday를 줄여서 ワーホリ(와호리)라고도 부른다.

★ 장점
1. 학교를 등록하지 않아도 1년 동안 체류할 수 있다.
2. 학생비자와 달리 지역을 언제라도 이동하며 살 수 있다.
3. 아르바이트의 시간제한이 없다.
4. 은행잔고증명의 금액이 적고 초기경비도 적게 든다.

★ 단점
1. 모집정원이 있어서 신청한다고 무조건 비자를 받을 수 있는 것이 아니다.
2. 학교를 가야 할 의무가 없으므로 일이나 놀이에만 빠질 우려가 있다.
3. 모든 것이 자유의사이므로 일과 공부 등 스스로 결정하고 행동해야 한다.

유학비자

- 어학연수의 경우

6개월 이상 신청하면 유학비자를 받을 수 있다.
유학비자는 아르바이트가 허용되고 국민건강보험의 학생할인도 적용받는다.

관광이나 일보다 일본어공부가 첫 번째 목적이거나 진학을 목적으로 하는 경우는 워킹홀리데이비자보다 유학비자를 받아서 공부하는 것이 바람직하다. 또한 출석률이 80% 이하가 되지 않도록 관리를 잘 해야 나중에 비자를 연장하거나 진학을 할 때 문제가 생기지 않는다.

- 전문학교 · 대학 · 대학원의 경우

전문학교, 대학, 대학원에 진학을 하는 경우도 유학비자가 발급된다. 어학연수와 동일하게 아르바이트가 허용되고, 국민건강보험의 학생할인도 적용받는다.

★ 워킹홀리데이비자 vs 유학비자의 혜택과 차이점

	국민건강보험 학생할인	아르바이트 허용시간	교통비 등 학생할인 혜택
워킹홀리데이	처음 가입 시, 3개월 이상 어학연수 증빙자료가 있어야 받을 수 있음	제한 없음	X
어학연수(일본어학교) -유학비자	O	주 20시간	X (학교법인인 경우 가능)
전문학교/대학/대학원 유학비자	O	주 28시간	O

관광비자

관광을 목적으로 하는 비자이며 입국 후 90일까지 체류가 가능하다. 현재는 한국에서 관광비자를 미리 받을 필요없이 여권만 가지고 출국하면 된다. 단, 주의할 점은 입국 시 작성하는 출입국카드에 체류기간, 연락처를 명확히 기재하여야 하며 90일을 꽉 채우게 될 경우 목적이 불분명하면 다음에는 입국을 거부당할 수 있다. 또한 한 달 이상 체재한 경험이 있는 경우에 유학비자를 받기 위해서는 목적, 체류지에 대한 정확한 사유서를 첨부하여야 한다.

2. 워킹홀리데이 비자 신청하기

1999년 4월부터 시작된 워킹홀리데이 제도는 2009년에 전년도의 2배인 7,200명에게 비자가 발급되며, 2012년까지 10,000명으로 확대될 예정이다.

★워킹홀리데이 자격요건★

1) 대한민국에 거주하는 대한민국 국민일 것.
2) 주된 목적이 휴가를 보내기 위해 일본에 입국할 의도를 가질 것.
3) 사증 신청 시점에서 원칙적으로 18세 이상 25세(부득이한 사정이 있다고 인정되는 경우는 30세)이하일 것
4) 자녀를 동반하지 않는 자일 것.
5) 귀국 시 비행기 표를 구입하기에 충분한 자금 및 일본에서의 체재 초기에 생계를 유지할 수 있을 만큼의 자금을 소지할 것. (약 250만원)
6) 건강할 것.
7) 이전에 본 건 Working Holiday 제도를 이용한 적이 없을 것.
8) 일본에서 생활하기 위해 필요한 최저한도의 일본어 능력을 갖고 있거나 혹은 습득할 의욕을 가질 것.

여권인지대

여권 종류	유효기간	합계
복수 여권	10년	55,000원
	5년	47,000원
	5년 미만	15,000원
단수 여권	1년	20,000원

신청과정

여권신청 → 비자신청 → 서류심사 → 비자취득 → 지역선택(학교 선택) → 항공권 예약 → 항공권 발권 → 출국

> ★여권
> 여권(旅券)을 일본 발음으로 읽으면 りょけん이 되지만 일본에서는 주로 パスポート(passport)라고 부른다는 것 알아두자.

여권 신청하기

여권은 외국에서 본인의 신분증으로 여권 없이는 외국뿐만 아니라 우리나라에서도 국제선 비행기를 탈 수가 없다. 그리고 비자 신청 시, 환전 시, 클럽 입장 시 등 본인의 신분이나 나이를 증명해야 되는 곳에서 꼭 필요하다. 구청이나 시청 등 가까운 여권사무 대행기관에서 신청할 수 있다.
- 외교통상부(여권안내) http://www.0404.go.kr

> ★복수 여권
> 5년 미만, 5년, 10년 동안 횟수에 제한 없이 국외 여행을 할 수 있는 여권 (만 24세 미만의 병역 미필자는 5년 미만의 복수 여권을 받을 수 있다.)
>
> ★단수 여권
> 외국 여행을 1번 할 수 있는 여권
>
> 단수 여권을 신청해야 하는 특별한 경우
> ❶ 병역 미필자
>   (만 25세 이상)
> ❷ 본인이 요청한 경우
> ❸ 관계부처로부터 요청이 있는 경우
> ❹ 여권 상습분실로 관계 기간에서 조사하고 있는 경우

> ★여권 신청 시 필요한 서류★
> ① 여권신청서(소정양식)
> ② 신분증
> ③ 주민등록등본 1통
> ④ 여권 사진 2장(3.5×4.5cm)
> ⑤ 여권 인지대(10년 기준 55,000원)
> ※ 단수여권은 1년 기준이며, 일반적으로 병역미필자의 경우 발급받게 된다. 국외여행 허가서(병무청에 신청)가 추가되며, 인지대는 15,000원이다.

워킹홀리데이비자 신청방법

주한일본대사관 또는 주한일본총영사관에 직접 방문하거나 각 공관에서 사증 신청이 인정된 지정 여행업자 등을 통해서 다음의 서류를 접수시킨다. 동일 신청자로부터의 복수 신청은 모두 무효로 처리된다.
*일본 대사관 홈페이지 http://www.kr.emb-japan.go.jp

비자 신청기간

워킹홀리데이비자는 매년 신청하는 날짜가 조금씩 다르며 2011년의 신청 기간은 다음과 같다.
- 제1/4분기: 1월 24일(월) ~ 1월 28일(금)
- 제2/4분기: 4월 18일(월) ~ 4월 22일(금)
- 제3/4분기: 7월 11일(월) ~ 7월 15일(금)
- 제4/4분기: 10월 17일(월) ~ 10월 21일(금)

★구비서류★

① 사증신청서 작성(일본대사관 홈페이지에서 다운받아서 일본어나 영어로 작성)
② 여권복사 : 신분사항란 및 일본출입국 경력이 있는 경우 출입국 페이지 전부
③ Working Holiday 제도를 이용하고 싶은 이유를 적은 진술서(이유서-일본어 또는 영어로 기재)
④ Working Holiday 제도로 일본에 입국해서 무엇을 하고 싶은가를 적은 진술서(계획서-일본어 또는 영어로 기재)
⑤ 이력서(일본대사관 홈페이지에서 다운받아서 일본어나 영어로 작성)
⑥ 기본증명서
⑦ 주민등록증(앞, 뒷면) 복사 또는 주민등록등본이나 주민등록초본 중 하나
⑧ 병역을 마친 것을 증명할 수 있는 서류(⑦의 주민등록초본과 겸용 가능)
⑨ 최종학교 졸업증명서 or 재학증명서 or 휴학증명서
⑩ 예금 잔고증명서(약 250만원 이상, 본인 또는 부양자도 가능)
⑪ 신청인의 우편번호, 주소, 성명을 기재한 회신용 관제엽서
⑫ 일본어능력 입증자료(없어도 신청 가능. 일본어능력시험(JLPT)인정증, 일본어학교의 수료증서 등)
⑬ 조사표(소정양식)

구비서류를 봉투에 동봉하여 주한 일본대사관에 가서 신청한다. 단, 모든 서류는 3개월 이내 서류라는 점을 주의하자. 접수 후 받은 접수번호를 잘 보관하도록 한다. 합격통지는 동봉했던 관제엽서로 오거나 주한 일본대사관 홈페이지에서 접수번호로 확인할 수 있다. 불합격자에게는 개별 통지가 오지 않는다.

신청장소
(주민등록상 주소에 따라 다음 세 곳에서 신청할 수 있다.)

1) 주대한민국 일본국대사관 영사부
서울특별시 종로구 수송동 146-1 이마빌딩 7층
(주소가 부산총영사관, 제주총영사관의 관할 외인 사람)

2) 재부산 일본국총영사관
부산광역시 동구 초량동 1147-11
(주소가 부산광역시, 대구광역시, 울산광역시, 경상남·북도인 사람)

3) 재제주 일본국총영사관
제주도 제주시 노형동 977-1(주소가 제주도인 사람)

심사결과 통보

매 분기별로 서류접수 마감 후 2~3주 후면 대사관 홈페이지 공시 및 통지서(엽서) 발송으로 결과를 알려준다. 통지서는 합격한 사람에게만 발송하고 엽서 발송 예정시기는 다음과 같다.
- 제 1/4분기 3월 초순경
- 제 2/4분기 6월 초순경
- 제 3/4분기 8월 하순경
- 제 4/4분기 11월 하순경

심사에 통과된 사람은 통지서(엽서)에 기재된 일시에 여권과 엽서를 지참하고 대사관에 가서 여권을 접수시킨다. 맨 처음 서류접수부터 워킹홀리데이비자가 발급된 여권을 받기까지는 총 한달 이상의 시간이 소요된다.

★일본어를 Up↑ 시켜주는 TV프로그램★

외국어를 잘 하기 위해서 분야별로 가장 좋은 방법들이 있다. 어휘력은 독서, 리스닝은 TV, 스피킹은 네이티브 친구 사귀기. 모두 잘 아는 사실이겠지만 중요한 건 실천이니까. 일본은 공중파 방송이 너무 재미있어서 케이블TV가 필요 없을 정도이다. 우리나라의 TV가 일본방송을 많이 따라하는 것도 다 이런 이유 때문이 아닐까. 물론 일본에는 유치하고 외설적인 눈요기 프로그램들도 많다. 어쨌건 우리가 좋아하는 드라마, 버라이어티, 음악방송 등은 후지테레비, TBS, TV아사히, 니혼테레비 이 4개의 공중파 채널로 모두 볼 수 있다. 대부분 일본의 인기 TV프로그램들은 자막방송이 지원되니까 일본어 공부에도 많은 도움이 되지 않을까?^^

3. 사증신청서, Resume, 진술서 작성방법

워킹홀리데이비자를 받는데 가장 중요한 것은 진술서(이유서&계획서)로 본인이 직접 작성한 것으로 보이지 않는 경우에는 비자를 발급받기가 어렵다. 워킹홀리데이비자의 원래 취지와 자격요건에 맞추어 본인의 이야기를 직접 작성하는 것이 비자를 받을 수 있는 최고의 방법이다.

진술서1(이유서)
- 워킹홀리데이비자를 신청하는 이유 작성

워킹홀리데이 비자의 취지는 상대국가의 문화와 생활습관을 이해할 기회를 제공하는 것으로 주된 목적이 Holiday(휴가)를 보내기 위한 의도이어야 한다. 그리고 일은 휴가의 부수적인 활동으로 여행자금을 보충하기 위함이지 돈을 많이 벌기 위함은 아니다. 이 취지에 맞추어 본인의 사유를 솔직하게 작성하면 된다.

내용에 일본어학교가 강조되면 학교만 오래 다닐 것처럼 보여서 이 사람은 유학비자로 일본에 오는 것이 더 어울리겠다고 판단할 수도 있고, 지역별 관광명소만 쭉 나열하면 이 사람은 단순히 관광이 주 목적이니 관광비자로도 충분하겠다고 생각할 수도 있다. 가장 중요한 것은 왜 내가 워킹홀리데이비자로 일본에 가야 하며, 나의 목적이 워킹홀리데이 비자의 취지와 잘 맞는다는 것을 보여주는 것이다.

진술서2(계획서)
- 일본에 와서 무엇을 하고 싶은가를 작성

진술서2는 여행계획서처럼 월별로 표를 짜서 작성하는 사람도 있고 진술서1처럼 수필과 같은 형식으로 쓰는 사람도 있다. 하지만 정해진 형식은 없으며 중요한 것은 내용이다. 사실 이유서와 계획서는 하나의 글이라고 생각하면 된다. 이유서에서 내가 왜 워킹홀리데이비자를 받아야 하는지를 얘기하고 계획서에서는 이제 일본에 가서 어떻게 무엇을 하며 지낼 것인지를 보여주는 것이다. 물론 여기서도 가장 중요한 것은 내가 일본에서 하려는 것들이 비자의 성격과 잘 부합해야 한다는 것이다. 인터넷에 올려진 샘플들을 참고로 비슷한 내용으로 작성하는 사람들이 많은데 이런 글들은 대사관측에서 좋아하지 않는다. 자신이 정말 일본에서 하고 싶은 것들을 솔직하게 쓰되 내용이 비자의 취지에 어긋나지 않도록 작성하는 것이 가장 좋다.

★일본어를 Up↑ 시켜주는 인기 TV프로그램 1★

月9(げつく)

'게츠크'는 후지테레비에서 월요일 밤 9시에 방송하는 드라마를 일컫는 말이다. 일본은 우리나라처럼 한 가지 드라마를 일주일에 2번씩 장기간 방영하지 않고, 일주일에 한번씩 11회로 끝나는 것이 일반적이다. 모든 방송사에서 요일마다 하는 드라마가 있지만 굳이 후지테레비의 월요일 9시 드라마에 이런 이름이 붙은 것은 완성도가 높고 재미있는 히트작이 많기 때문. 지금까지 대표작으로는 노다메 칸타빌레, 슬로우 댄스, 프라이드, 런치의 여왕, 히어로, 야마토 나데시코, 롱베이케이션, 101번째 프로포즈 등이 있다. 하지만 후지테레비에서 9시에 하는 드라마라고 무조건 다 재미있는 건 아니니까 골라서 보자. ^^

http://www.fujitv.co.jp/drama

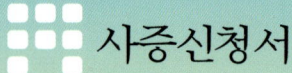
사증신청서

VISA APPLICATION FORM TO ENTER JAPAN
일본국 입국 사증신청서
日本國 入國 査証申請書

写 真
(사 진)
(Photo)

approx. 45mm x 45mm

❶ Name in full 영자(英字) _____ 한자(漢字) _____
  신청인성명(申請人姓名)
  영자(英字) _____ 성姓(Surname)
  영자(英字) _____ 명名(Given and middle name) 한자(漢字) _____
  Different name used, if any _____
  별 명(別 名)

❷ Date and place of birth 월(月) ___ 일(日) ___ 년(年): 시(市) ___ 도(道) ___ 국(國) ___
  생년월일및출생지(生年月日및出生地) (month) (day) (Year) (City) (Province) (Country)
  Sex M(남,男)・F(여,女) Marital status : married _____ single _____
  성별(性別)   혼인여부(婚姻狀況)   기혼(旣婚)   독신(獨身)

❸ Nationality or citizenship _____
  국 적(國 籍)
  Former nationality, if any _____
  원 국 적(元 國 籍)

❹ Purpose of journey to Japan _____
  방 일 목 적(訪 日 目 的)

❺ Length of stay in Japan intended _____
  재일체재예정기간(在日滯在予定期間)

❻ Route of present journey : Probable date of entry _____
  입국노선(入國路線)   입국예정일(入國予定日)
  Port of entry into Japan _____ Name of ship or airline _____
  입국항(入國港)   이용선박 또는 비행기편명(利用船舶 또는 飛行機便名)

❼ Passport (Refugee or stateless should note the title of Travel Document) _____
  여권(旅券)
  No. _____ Diplomatic, Official, Ordinary Issued at _____ on _____ 월(月) ___ 일(日) ___ 년(年) ___
  번호(番號)   외교(外交) 관용(公用) 일반(一般) 발급지(發給地) 발급일(發給日) (Month) (Day) (Year)
  Issuing authority _____ Valid until _____ 월(月) ___ 일(日) ___ 년(年) ___
  발행기관(發行機關)   여권유효기간(旅券有效滿期日) (Month) (Day) (Year)

❽ Criminal record, if any _____
  범죄기록 유무(犯罪記錄有無)

❾ Home address _____ Tel.자택전화번호(自宅電話) _____
  현 주 소(現 住 所)
                            Tel.휴대전화번호(携帶電話) _____

❿ Profession or occupation _____
  직 업(職 業)
  Name and address of firm or organization to which applicant belongs 직장명(職場名) _____
  직장주소(職場住所) _____ Tel.직장전화번호(職場電話) _____

⓫ Post or rank held at present _____
  현 직 위(現 職 位)

⓬ Principal former positions _____
  주 요 전 경 력(主要前經歷)

⓭ * Partner's Profession/occupation (or Parent's Profession/occupation) _____
  배우자 또는 부모의 직업(配偶者 또는 父母의 職業)

⓮ Address of hotels or names and addresses of persons with whom applicant intends to stay _____
  재일체재예정장소 (在日滯在場所 : hotel名 또는 知人名 및 住所)

⓯ Dates and duration of previous stays in Japan _____
  전회재일체재일시 및 기간(前回在日滯在日時 및 期間)

⓰ Guarantor or reference in Japan 성명(회사명)姓名(會社名) _____
  재일보증인의 연락처 (在日保證人의 連絡處)
  Address _____ Tel. 전화번호(電話番號) _____
  주소(住所)
  Relationship 신청인과의 관계(申請人과의 關係) _____

⓱ * (Remarks) Special circumstances, if any _____
  비고(備考)   특기사항(特記事項)

  I hereby declare that the statement given above is true and correct. I understand that immigration status and period of stay to be granted are decided by the Japanese immigration authorities upon my arrival. I understand that possession of a visa does not entitle the bearer to enter Japan upon arrival at port of entry if he or she is found inadmissible.
  상기의 진술은 사실입니다. 그리고 본인이 입국항에서 입국심사관이 부여하는 재류자격 및 재류기간에 이의 없이 따르겠습니다.
  본인은 사증을 가지고 있어도, 귀국에 도착한 시점에서 입국자격이 있다고 판명되면 귀국에 입국할 수 없다는데 동의합니다.

⓲ Date of application _____ 월(月) ___ 일(日) ___ 년(年) ___
  신 청 일(申 請 日)   (Month) (Day) (Year)

⓳ Signature of applicant _____
  신청인서명-여권서명과 동일 (申請人署名-旅券署名과 同一)

* These items are not essential to be filled
  (•) 항목은 반드시 기재할 필요는 없습니다.

❶ 신청인 성명 : 예) 영자 : Hong   한자 : 洪
　　　　　　　　　영자 : Gildong   한자 : 吉童
❷ 생년월일 및 출생지 : 예) 00月 00日 00年 : ソウル市 韓国
　　성별 : 해당사항에 O   　　혼인여부 : 해당사항에 O
❸ 국적, 원국적 : 韓国
❹ 방일목적 : ワーキングホリデー
❺ 재일 체재예정기간 : 1年
❻ 입국노선 : 입국예정일 : ○○○○年 ○○月 ○○日
❼ 여권 : No. 여권번호 기입,　　　Ordinary(일반)란에 O
　　　발급지 : 예 ソウル市　　　발급일 : ○○月 ○○日 ○○○○年
　　　발행기관 : M.O.F.A　　　여권유효기간 : ○○月 ○○日 ○○○○年
❽ 범죄기록 유무 : 無
❾ 현주소 : 예 ソウル 麻浦區 西橋洞 ○○○-○○(일본어나 영어로 작성)
❿ 직업 : 예 学生 (혹은 직업명)
　　직장명, 직장주소, 직장전화번호 : 직장이 있으면 작성하고 없으면 비워둠(아르바이트 처의 정보를 기입해도 됨)
⓫ 현직위 : 예 学生(또는 직위나 담당명)
⓬ 주요전경력 : 있으면 작성하고 없으면 비워둠
⓭ 배우자 또는 부모의 직업 : 직업명 작성
⓮ 재일 체재예정장소 : 예 未定(호텔명 또는 지인의 이름과 주소 작성)
⓯ 전회 재일 체재일시 및 기간 : 일본을 다녀온 적이 있으면 가장 최근의 기록 작성
⓰ 재일 보증인 : 성명 : 예 無
　　　　　　　주소, 전화번호, 관계 : 위에 無라고 적지 않은 경우 작성
⓱ 특기사항 : 예 無
⓲ 신청일 : ○○月 ○○日 ○○○○年
⓳ 신청인 서명 : 여권과 동일한 서명
⓴ 사진 : 45㎜×45㎜ 규격의 증명사진 부착

Resume
이력서

※한자나 영어로 작성한다

年月日 Date <u>신청날짜</u>

履歴書 RESUME

○ 申請者氏名 Name of visa applicant:

<u>성   이름</u>
姓(Surname) 名(Given and middle name)

性別 Sex:

男 M( ) · 女 F( )

年齢 Age: <u>나이(만)</u>

生年月日 Date of birth:

<u>생년월일</u>

出生地 Place of birth: (   )

<u>출생지</u>

○ 学歴(高校以上を記入) Educational Background form High School
   学校名・学部・学科 Name of School, Department, Subject:

現在の状況 Present Situation:

<u>○○고등학교   </u> 卒業 Graduated( )   休学 Absent( ) <u>휴학</u>
                                         졸업
                                         재학중 在学中 Registered( ) 退学 Left ( ) <u>퇴학</u>
<u>○○대학교 ○○학과   </u> 卒業 Graduated( )   休学 Absent( )
                                              在学中 Registered( ) 退学 Left ( )
<u>○○대학원 ○○학과   </u> 卒業 Graduated( )   休学 Absent( )
                                              在学中 Registered( ) 退学 Left ( )

○ 職歴 Work Experience: <u>경력</u>
   期間 (Period)   職場名 : Name of Organization

<u>근무기간   </u>   <u>근무처   </u>
_____   _____
_____   _____

○ 日本滞在歴 Experience of stay in Japan: <u>일본 체류 경험</u>
   (該当する場合には、滞在期間、訪日目的、滞在場所 if any, please write the period, purpose, and place of each visit):

<u>체류기간, 방문목적, 체류장소   </u>
_____
_____

○ 過去のワーキング・ホリデー査証申請 Previous application for the Working Holiday visa:
   ある Yes( )、ない No( ) <u>이전에 일본 워킹홀리데이비자를 신청한 적이 있는지의 여부</u>

「ある」と答えた場合には、何回か記入してください。if yes, please indicate how many times:
   1( )、2( )、3( )、4回以上 more than ( ) <u>신청한 적이 있는 사람은 횟수 작성</u>

「ある」と答えた場合には、いつですか。(年/月/日) When? (year / month / day)
   <u>신청한 적이 있는 사람은 연도와 날짜 작성</u>
   _____   _____
   _____   _____

○ 特技(日本語能力~JLPT、JPTなど) Skills(Japanese ability~JLPT, JPT etc.):

<u>JLPT, JPT 등의 일본어 점수 작성   </u>
_____

조사표

아래 각 질문에 대해서 해당되는 번호에 「○」를 해주십시오.
("기타"에 해당하는 경우에는 (   )에 구체적인 내용을 써 주십시오.)

질문 1. 별첨 "일한 워킹 홀리데이 제도"를 충분히 이해했습니까?
　답 1　①예　　　　　　②아니오
질문 2. 별첨 "일한 워킹 홀리데이 제도"의 취지나 취업제한에
　　　　대해서 이해하고 동의합니까?
　답 2　①예　　　　　　②아니오
질문 3. 당신의 주된 방일 목적은 무엇입니까?
　답 3　①관광　　　　　②다른 문화 체험
　　　　③취업　　　　　④기타 (　　　　　　)
질문 4. 일본에서 취업할 예정이 있습니까?
　답 4　①예　　　　　　②아니오
질문 5. (질문4.에서①이라고 대답하신 분만) 취업 처는 이미 정해져
　　　　있습니까?
　답 5.　①예　　　　　　②아니요
질문 6. (질문5.에서①이라고 대답하신 분만)구직방법은 다음의 어떤
　　　　방법이었습니까?
　답 6.　① 일본 워킹 홀리데이협회의 소개　　②지인의 소개
　　　　③ 신문, 잡지, 인터넷(구체적으로 _____)
　　　　④ 한국국내의 업자를 통한 알선
　　　　⑤ 기타 (_____)
질문 7. (질문5.에서②라고 대답하신 분만)예정하고 있는 구직방법은 다음의
　　　　어떤 방법입니까?
　답 7.　① 일본 워킹 홀리데이협회의 소개　　②지인의 소개
　　　　③ 신문, 잡지, 인터넷(구체적으로 _____)
　　　　④ 기타(_____)

　　　　　　　　　　　　　　_____ 년　　 월　　 일

　　　　　　　　　　　　　　본인서명 _____

4. 어학연수를 위한 유학비자 신청하기

유학비자는 구비서류가 많고 모든 서류를 번역해야 하므로 혼자서 하는 것보다 유학원을 통해서 수속하는 것이 편하다. 개인이 어학교에 직접 등록한다고 해서 더 저렴한 것도 아니고 유학원을 통해서 신청한다고 해서 수수료를 내는 것도 아니다. 유학원은 어학교로부터 학생을 보내주는 것에 대한 수속비를 따로 받기 때문이다. 단, 유학원마다 추천하는 어학교는 조금씩 차이가 나고 6개월 미만의 단기어학연수는 수수료가 필요한 곳이 많다.

일본의 어학교들은 모두 학기제로 이루어져서 이 시기에만 입학이 가능하다. 1월, 4월, 7월, 10월 학기가 있으며 학교에 따라 4월, 10월 학기만 모집하는 곳도 있다. 유학비자의 발급까지는 시간이 많이 소요되므로 5~6개월 전에 미리 학교를 정해서 비자를 신청해야 된다. 비자기간이 학교에 따라 6개월 혹은 1년 비자가 나오는데 최대 2년까지 연장이 가능하다. 총 어학연수 기간은 시작시기에 따라 차이가 난다

(4월 학기 : 2년, 7월 학기 : 1년 9개월, 10월 학기 : 1년 6개월, 1월 학기 : 1년 3개월)

★ **단기어학연수(1~3개월 어학연수 계획 시)**
단기의 경우 일반적으로 비자를 취득하지 않고 90일 동안은 무비자이기 때문에 입학허가서만 받아서 나간다. 신청해서 입학허가서를 받기까지 약 1주일 정도 소요된다.
구비서류 : 여권 신분사항란 복사, 사진 3매, 주민등록등본, 학교원서(소정양식)

★ **유학비자 신청과정** ★
여권신청 → 학교선택 → 원서작성 및 신청 → 입학허가서 받기 → 비자신청
결과발표 → 학비 납입 → 재류자격 인정증명서 받기 → 비자발급

★ 어학연수 신청 시 필요한 서류 ★

- 학교 원서(소정 양식)
- 최종학교 졸업증명서(고등학교 졸업자 이상)
- 재학증명서 or 휴학증명서 or 재직증명서 or 경력증명서
- 일본어학습증명서류(일본어능력시험, 학원수강증명서, 성적증명서 등)
- 기본증명서(본인)와 가족관계증명서(父 or 母)
- 여권 복사(신분사항란)
- 일본 출입국 경력이 있는 경우 여권의 출입국 페이지 카피 또는 출입국 사실 증명
- 사진 9매(반명함)
- 보증인의 재직증명서 또는 사업자등록증 카피본(혈연관계에서만 가능)
- 보증인의 은행잔고증명서(3,000만원 이상)
- 보증인 도장

학기 별 신청기간 및 비자 합격

학기 별 신청기간 및 비자 합격
- 1월 학기 : 전년도 7월~9월 중순   합격발표 : 전년도 11월 말~12월 초
- 4월 학기 : 전년도 9월~11월 중순   합격발표 : 2월 말~3월 초
- 7월 학기 : 1월~3월 중순   합격발표 : 5월 말~6월 초
- 10월 학기 : 3월~5월 중순   합격발표 : 8월 말~9월 초

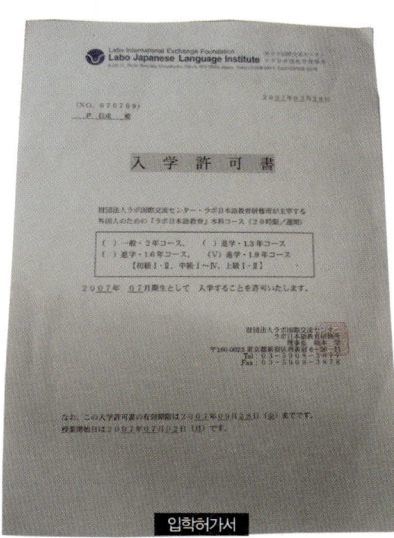

입학허가서

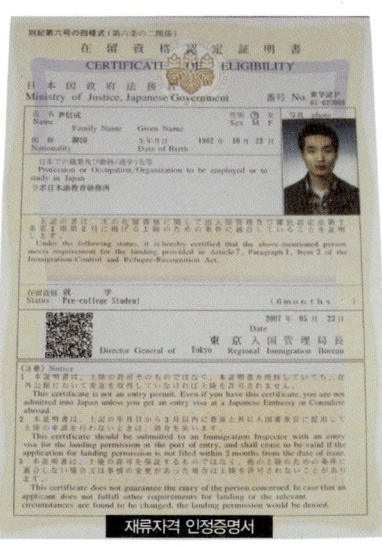

재류자격 인정증명서

5. 지역 선택하기

일본은 북쪽에서부터 홋카이도(北海道), 혼슈(本州), 시코쿠(四国), 규슈(九州) 4개의 큰 섬을 중심으로 오키나와(沖縄) 등 기타 작은 섬들로 이루어진 나라이다. 가장 크고 중심이 되는 혼슈는 토호쿠(東北), 칸토(關東), 츄부(中部), 킨키(近畿), 츄고쿠(中国) 이렇게 또 5개의 지역으로 나누어진다.

일본의 3대 도시권은 도쿄권, 나고야권, 오사카권으로 6대 도시를 말할 때는 이 3대 도시권 안에 포함되는 도쿄, 요코하마, 나고야, 오사카, 교토, 고베를 꼽는다.

일본의 행정구역은 1도(都, 도쿄도), 1도(道, 홋카이도), 2부(府, 오사카부・교토부), 43현으로 구성된다.

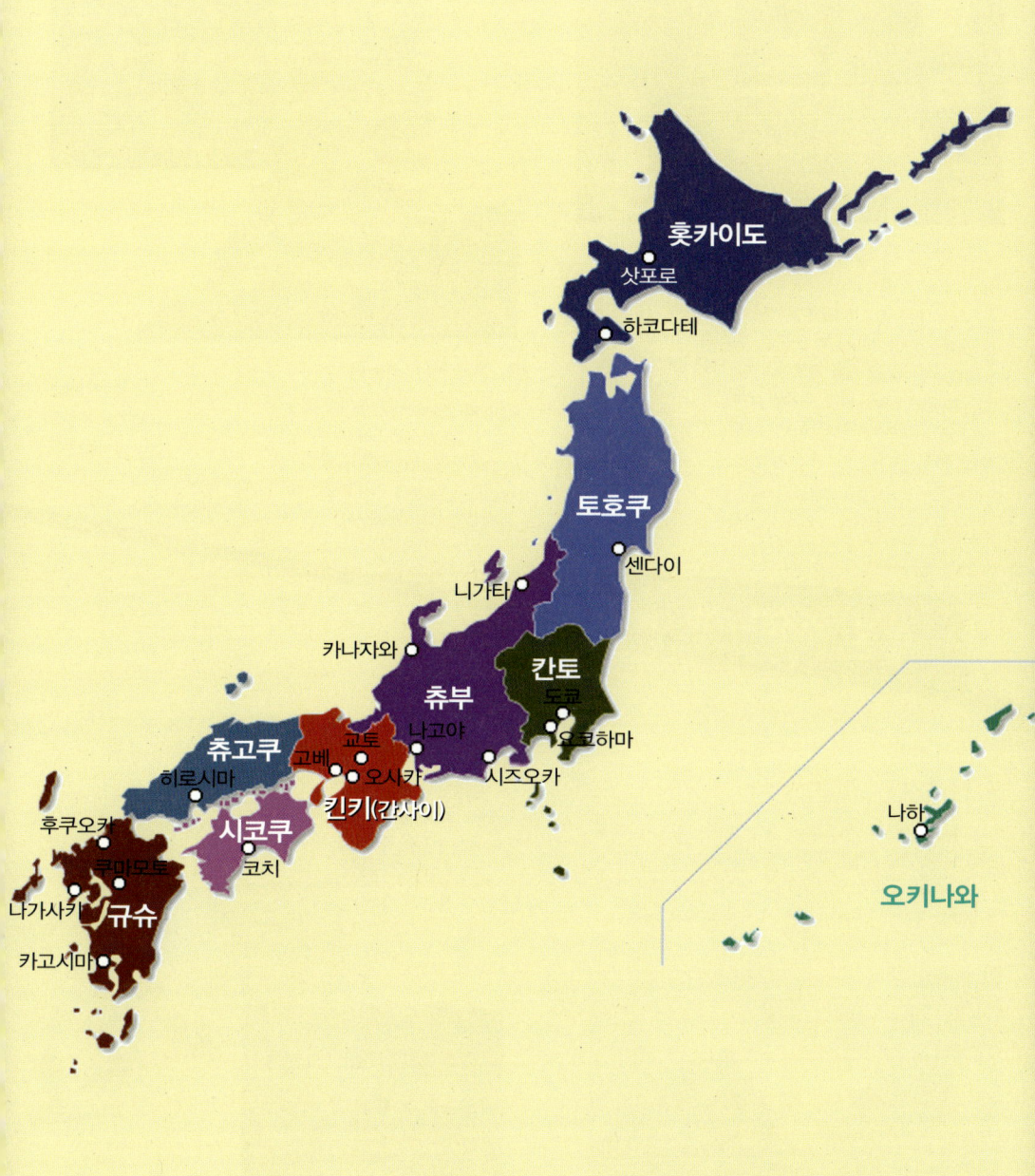

1. 도쿄 (東京)

현대적인 빌딩 숲 사이에 전통있는 옛 신사(神社)가 잘 조화를 이루고 있다. 도쿄도의 인구는 1,270만 명으로 세계에서 손꼽히는 정도지만 서울 면적의 3배인 것을 감안하면 인구밀도는 서울보다 훨씬 낮다. 하지만 수도권까지 포함하면 3천만 명이 넘기 때문에 자주 세계에서 인구가 가장 많은 도시로 꼽히곤 한다.

2. 오사카 (大阪)

일본 제 2의 도시로 꼽히며 오사카시의 인구가 260만, 오사카부의 인구는 880만으로 교토와 나라가 있는 킨키(간사이)지역의 중심도시이다. 전통문화, 해학과 함께 인정미가 넘치고 맛있는 음식들로 유명하다. 연예계에 간사이지역 출신의 연예인들이 상당히 많아서 방송에서도 간사이벤(오사카 사투리)을 자주 들을 수 있다.

일본 주요도시

3. 나고야 (名古屋)

나고야시는 일본의 3대 도시권 중의 하나인 나고야권의 중심도시이며 연간 2천만 명 이상의 관광객이 찾는 관광도시이기도 하다. 도쿄와 교토 사이에 위치하고 있으며 도쿄, 요코하마, 오사카에 이어 인구가 네 번째로 많은 곳이다.

4. 삿포로 (札幌)

홋카이도의 중심으로 일본에서 인구가 다섯 번째로 많은 도시이다. 홋카이도는 추운 지역인 만큼 세계적인 스키장과 온천이 많고 카니(게)와 라멘(일본식 라면)이 유명한 곳이다. 삿포로는 1972년 동계올림픽 개최를 계기로 유명한 관광지가 되었으며 매년 2월에 열리는 눈축제는 세계적으로 유명하다.

8. 센다이 (仙台)

아름다운 나무들이 우거진 도시로 거리마다 느티나무가 즐비하게 늘어서 있어서 숲의 도시라고 불린다. 센다이(仙台)는 일본 혼슈(本州)지방의 가장 북쪽에 위치하고 있는 깨끗하고 아름다운 도시이다.

5. 고베 (神戸)

효고현의 중심지이기도 하지만 오사카에서 전철로 30분밖에 걸리지 않아 위성도시의 성격도 띠고 있다. 고베는 국제무역도시로 일본을 대표하는 항만도시이다. 다양한 페리와 제트셔틀들이 운항하며 아름다운 야경 또한 유명하다.

9. 나가노 (長野)

츄부지방의 나가노현 북부에 위치하고 있다. 나가노시는 인구 38만으로 작은 도시이지만 1998년 동계올림픽이 개최되면서 세계적으로 알려지고 신칸센도 이때 개통이 되었다. 동계올림픽이 열린 만큼 세계수준의 스키장도 많고 유명한 온천도 많다.

6. 교토 (京都)

교토는 1869년 정부가 도쿄로 천도하기 전 천 년이 넘게 일본의 중심지였던 유서깊은 도시이다. 현재는 절이나 유적지가 많은 관광도시로 많이 알려져 있지만 쿄세라, 닌텐도, 와코르 등의 본사가 위치한 산업도시이기도 하다.

7. 후쿠오카 (福岡)

규슈에서 가장 인구가 많은 도시로 일본 전체에서는 8번째 규모이다. 신칸센의 종착역이기도 한 후쿠오카는 부산에서 고속선으로 3시간밖에 걸리지 않으며 상하이에서도 가까운 편이다. 깨끗한 자연과 도시의 장점을 함께 누릴 수 있다.

10. 오키나와 (沖縄)

오키나와현은 일본의 최남단에 위치하며 그 중에서도 오키나와섬이 가장 크고 중심지이다. 오키나와는 1945년 이후 27년간 미국에 의해 통치를 받은 곳이기도 하다. 따뜻한 날씨와 이국적인 분위기로 서핑과 스킨스쿠버 등 해양스포츠가 유명하다.

6. 어학교 선택하기

일본어를 못하는 사람이 충분한 자금도 없이 바로 일본에 가게 되면 생활에 많은 어려움을 겪게 된다. 워킹홀리데이비자 소지자의 경우 언어가 안 된다면 초기에 최소 3개월 이상은 어학교를 다니는 것이 일본생활에 적응하고 일자리를 구하는 데에 많은 도움이 된다. 대부분의 일본어학교들은 오전반과 오후반으로 나누어져 있고 하루 4시간 주 5일 수업으로 진행된다. 학교를 선택할 때는 국적비율, 위치, 규모, 시설, 교육시스템, 과외수업 등을 고려하여 선택하자. 워킹홀리데이비자 소지자는 직접 일본에 가서 선택을 해도 되지만 유학비자는 한국에서 학교를 정해서 신청해야 비자를 받을 수 있다.

1) 국적비율
많은 일본어학교가 한국인 비율이 60% 정도로 70%이상인 곳도 꽤 있다. 세계 공용어라고 할 수 있는 영어와 달리 일본어를 배우는 사람은 한국인과 중국인이 대부분이어서 그렇다. 비율만 따졌을 때 공부하기 가장 좋은 곳은 한국인이 30~40%정도인 학교인데 가장 옳지 않은 곳은 한국인이 10%도 안 되는 학교이다. 이런 곳은 중국인들이 70~80%나 차지하고 있어서 돈벌이를 목적으로 온 학생이 많고 시끄럽고 분위기도 좋지 않다. 한국인이 너무 많으면 좋은 환경이 아니지만 좋은 학교라고 소문이 나서 한국학생이 몰리는 경우도 있다.

2) 규모
학교 규모가 너무 작으면 레벨이 그만큼 상세히 나뉘지 못하거나 시설이 열악한 경우가 있다. 물론 규모가 크고 작음에는 분명 장단점이 있으므로 잘 비교해보고 자신에게 맞는 학교를 선택하는 것이 좋다.

3) 교육시스템
단지 일본어회화를 잘 하고 싶은 경우와 대학진학이 목표인 경우에 따라 학교선택의 기준이 달라진다. 진학중심의 학교는 아무래도 수업이 빡빡하고 각종 진학상담 및 진학설명회가 있는 반면, 회화중심의 학교는 실생활에 필요한 회화수업 및 문화체험이 많기 때문에 본인의 목적에 맞추어 선택하자. 어느 정도 규모가 있는 학교들은 진학반이 따로 개설되어 있는 경우가 많다.

4) 과외활동
일본인과 교류활동, 기모노 입기, 다도, 스피치 콘테스트, 일본요리 체험, 불꽃놀이 등 각종 과외수업을 하고 있는지 없는지도 확인해보자.

Language School
추천 일본어학교

도 쿄

동경 일본어학교(나가누마스쿨) - 시부야
본과와 진학과로 나뉜다. 국가별 학생비율을 제한하고 있어서 국적이 다양하고 서양학생이 많은 편이다. 풍부한 경험의 교사진이 정확히 짜진 커리큘럼에 따라 지도한다.
http://www.naganuma-school.or.jp

카이 일본어 스쿨 - 신오쿠보
회화중심의 학교로 원형으로 앉아서 수업한다. 40개국 이상의 학생들이 모여 서양학생의 비율이 높다. 워킹홀리데이비자 학생은 한 달씩도 등록이 가능하다. 다양한 과외활동 및 국제교류 프로그램들이 있다.
http://www.kaij.co.jp

제트 아카데미 - 이타바시역(이케부쿠로 근처)
한국학생의 비율은 높지 않지만 타 학교에 비해 대만학생의 비율이 높은 편이다. 국공립대학 및 유명 사립대학의 합격을 목표로 해서 진학률이 높다.
http://www.jet.ac.jp

이스트웨스트 일본어학교 - 나카노구(신주쿠 근처)

대학진학을 위한 강좌들(영어, 수학, 종합과목)이 개설되어 있고, 진학담당교사 및 본교 졸업생과도 상담이 가능하다. 특별 한자강좌 및 다양한 과외활동이 있으며 일본 대학생과 정기적으로 교류한다.

http://www.eastwest.ac.jp

아크아카데미 - 시부야, 신주쿠, 이케부크로, 요코하마, 오사카, 교토

시부야가 본교로 한국인 비율이 낮지는 않다. 전문강사에 의한 진학대책 강좌가 마련되어 있고(이케부크로), 다양한 무료특별강좌(유학시험/일본어능력시험/한자/회화)도 있다. 일본인교사 양성과정의 재학생들과의 교류가 활발하다.

http://www.arc-jp.com

MCA 일본어학교(ミツミネキャリアアカデミ) - 오쿠보

높은 진학률과 진학관리, 자체 장학금(성적, 출석우수자), 무료 한자수업과 선택수업(일본어능력시험, 일본유학시험, 진학준비, 논문, 일본사정, 비즈니스회화, 회화집중수업 등)을 실시한다.

http://www.mcaschool.co.kr

메로스 언어학원 - 이케부크로

상급부터 목적별 선택수업을 해서 1,2교시는 종합 일본어 수업을, 3,4교시는 일본유학시험, 일본어능력시험, 회화 중 본인의 목적에 맞는 수업을 선택하여 공부할 수 있고 다양한 과외수업도 있다.

http://www.meros.co.kr
http://www.meros.jp

인터컬트 일본어학교 - 오카치마치

진학과 종합과정으로 나뉘며 진학이 목적인 학생은 진학코스를, 일본어 공부를 위한 학생은 종합코스를 선택한다. 다양한 선택수업을 통해 자신이 관심 있는

인터컬트 일본어학교 – 오카치마치
진학과 종합과정으로 나뉘며 진학이 목적인 학생은 진학코스를, 일본어 공부를 위한 학생은 종합코스를 선택한다. 다양한 선택수업을 통해 자신이 관심 있는 분야를 깊이 공부할 수 있다.
http://www.incul.com

오 사 카

휴먼아카데미
도쿄와 오사카 2곳에 학교가 있으며 중급부터는 진로별 반편성을 한다. 학교 건물 내 일본인들과의 교류가 활발하고 각종 문화체험이 특징이다.
http://www.athumankorea.com

메릭일본어학교
일본유학시험과 대학입시반, 능력시험 대책반이 운영되고 있으며 진학설명회도 열린다. 클래스별 담임제를 두어 개인면담, 생활상담 및 지도를 하고 있다.
http://www.meric.co.jp

교 토

교토문화일본어학교
교토조형예술대학 내에 위치하여 일본학생과의 교류도 많고 대학시설을 모두 이용할 수 있다. 한국인이 많지 않고 중국인이 좀 많은 편이다.
http://www.kicl.net

7. 일본의 학제

일본은 우리나라와 달리 분야별로 교육체계가 확실히 잡혀있기 때문에 전공하고자 하는 분야에 따라 교육기관이 달라질 수 있다. 예를 들어 미용이나 요리, 패션, 관광 등은 대부분 전문학교에 분포되어 있어서 일반대학에서는 거의 찾아볼 수가 없다.

전문학교

취업을 목적으로 전문분야의 기술이나 기능을 습득하기 위한 교육을 실시하는 교육기관이다. 관광, 요리, 패션, 서비스업, 게임, 애니메이션, 미용, 애견 등 기술을 요구하는 분야는 대부분 전문학교에 분포하고 있다. 졸업 시 전문사의 자격이 주어지고 대부분 2년 기간으로 교육하고 있다. 단, 한국에서는 학위 인정이 되지 않는다.

※ 자격요건 : 일본어능력시험 2급 이상 또는 일본어학교 6개월 이상 수료자
※ 시험전형 : 서류심사, 면접, 소논문

단기대학

단기대학 역시 현장중심의 취업을 목적으로 하는 전문교육을 하며 단기대학 중 약 42%가 여자 단기대학이다. 그래서 주로 교육하는 분야가 인문계열, 가정계열, 교육과 사회계열이다.

※ 자격요건 : 일본어능력시험 1급 이상
※ 시험전형 : 서류심사, 면접, 소논문 (일본유학시험을 참고하는 학교도 있음)

대학

일본의 대학은 정규과정이 4년이며 의대, 치대, 수의대의 경우는 6년으로 우리나라와 비슷하다. 유학생은 일반적으로 일본유학시험과 학교 자체시험을 통해 선발된다. 일본의 대학은 각종 장학금이 많아 학생들이 경제적이고 실속있는 유학을 할 수 있다. 유학생 30%의 학비감면 및 장려금, 국비장학금, 각종 사회단체 및 장학재단, 지역 및 학교장학금 등 다양한 지원이 있다.

※ 자격요건 : 일본어능력시험 1급 이상, 일본유학시험
※ 시험전형 : 서류심사, 일본유학시험 성적, 학교 자체 시험(면접, 소논문, 영어 등)

대학원

일본의 대학원은 석사과정이 있지만 일반적으로 박사전기와 박사후기로 명칭하고 있는 학교가 많다. 대학원이 석사학위보다 박사학위를 중심으로 연구활동이 이루어지고 있기 때문이다. 또 일본에는 대학원생이 받을 수 있는 장학금이 다양하기 때문에 유학생이 장학금을 받을 확률도 매우 높다.

※ 자격요건 : 일본어능력시험 1급 이상, 일본유학시험
※ 시험전형 : 서류심사, 일본유학시험 성적, 학교자체시험(면접, 소논문, 연구계획서, 영어, 전공과목시험 등)

일본어능력시험(JLPT)

일본 국내외에서 일본어를 모국어로 하지 않는 사람을 대상으로 일본어 능력을 측정하고 그 능력을 인정받는 시험이다. 일본어능력시험은 N5~N1순으로 레벨이 올라간다. 과거 4급~1급보다 레벨이 좀 더 올라가서 1급보다 N1이 조금 더 합격하기 어려워졌다.

※ 시험실시 : 매년 2회 / 7월 초, 12월 초
※ 접수기간 : 1회 3월 말 ~ 4월 중순, 2회 8월 말 ~ 9월 중순
JLPT안내 http://www.jlpt.or.kr
일본국제교육지원협회 http://www.jees.or.jp/jlpt

> ★ **일본의 학원은 학교?**
> 일본에도 학원 学院이란 단어가 있지만 우리나라의 학원과는 의미가 다르다. 일본에서 学院은 학교와 거의 같은 의미로 사용되고, 우리나라의 사설 단과학원 같은 곳을 일본에서는 塾라고 부른다.

일본유학시험(EJU시험)

일본학생지원기구에서 일본의 대학에 입학을 희망하는 외국인 유학생을 대상으로 일본의 대학에서 필요로 하는 일본어능력 및 기초학력평가를 목적으로 실시하는 시험이다. 일본 국내 및 한국에서는 서울과 부산에서 실시된다. 출제언어는 일본어와 영어이며 원서접수 시 선택하고, 일본어과목은 일본어만 가능하다. 학교나 학과에 따라 참고하는 과목이 다르므로 입시전형을 미리 파악해두어야 한다.

※ 시험실시 : 매년 2회 – 6월 중순, 11월 중순
※ 접수기간 : 6월 시험(2월 중순~3월 중순), 11월 시험(7월)
※ 과목 : 일본어, 종합과목, 수학 I · II, 이과(물리 · 화학 · 생물 중 2과목 선택)
EJU안내 http://www.ejutest.com
일본학생지원기구 http://www.jasso.go.jp/eju

8. 항공권 예약

항공권은 항상 미리 예약해두는 것이 좋은데, 특히 성수기(12~1월, 6~8월)는 항공권을 예약하는 것이 쉽지 않으므로 예약을 해두었다가 비자가 발급되면 발권을 하도록 하자. 무비자로 가는 경우에는 왕복 항공권이 꼭 필요하지만 워킹홀리데이비자나 유학비자를 받아서 가는 경우는 편도항공권도 가능하다. 하지만 워킹홀리데이비자나 취학비자도 1년 만에 한국으로 돌아오는 경우는 1년 OPEN티켓으로 나가는 것이 훨씬 저렴하다. 만약 1년 OPEN티켓을 샀다가 1년 이내로 돌아오지 못하게 될 경우 70% 정도 금액에 대한 환불을 받을 수 있지만 할인티켓인 경우는 환불이 불가능한 경우가 많다.

비자 받기

★ 어학연수 혹은 진학인 경우 입학허가서를 제출하면 학생요금으로 저렴하게 항공권을 구입할 수도 있기 때문에, 먼저 여행사에 학생요금이 가능한지 알아보자.

워킹홀리데이비자를 합격한 경우 통지서와 신청번호를 가지고 비자 신청서를 작성하여 일본주한대사관에 제출하면 된다. 유학비자 역시 합격한 후 학비를 납입하면 재류자격인정증명서를 받게 된다. 재류자격인정증명서와 비자신청서를 작성하여 일본주한대사관에 제출하면 된다.

Airline 항공사별 특징 및 가격

 **전일본공수**

'야마토나데시코' 등 일본드라마에 자주 등장하는 항공사로 일본과 한국을 오가는 항공편의 비행기는 작은 편이지만 항공료는 가장 저렴하다. 참고로 일본에서 JAL은 '잘'이라고 부르지만 ANA는 '에이앤에이'라고 부른다.

항공사마다 비수기와 성수기 기간 설정이 다르고 요금도 다르다. 항공권 예약 및 구입은 여행사나 각 항공사에 직접 전화를 이용해서 가능하다. 같은 항공사의 티켓일 경우 장기 오픈티켓은 어디에서 구입을 하더라도 가격이 비슷하다.

 일본항공

일본을 대표하는 항공사로 ANA보다는 좀 더 비싸지만 국내 항공사보다는 저렴하다. 비행기는 크고 기내식도 잘 나오지만 좌석간격이 좀 좁다.

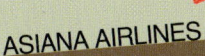 **아시아나항공**

항공료가 대한항공보다는 싸지만 역시 비싼 편에 속한다. 비행기는 작지만 좌석 간의 거리는 넓은 편이다.

KOREAN AIR **대한항공**

항공료는 가장 비싸지만 비행기는 크다. 승무원과 한국어만으로 100% 의사소통이 가능하다는 것이 장점이자 단점이다.

UNITED **유나이티드항공**

항공료는 저렴한 편이지만 운행하는 비행편수가 적다. 도쿄를 거쳐 미국으로 가는 비행기여서 사람이 굉장히 많이 타고 붐빈다.

 **노스웨스트항공**

항공료는 저렴하지만 역시 운행하는 비행편수가 적다.

9. 준비물과 짐 꾸리기

환전하기

일본에서 주로 사용하는 지폐는 1,000엔, 5,000엔, 10,000엔으로 2004년 새로운 디자인으로 발행되었다. 2000년도에 처음 발행된 2,000엔권 지폐도 있지만 ATM이나 자동판매기 등 여러 가지 사용이 불편한 이유로 잘 사용되지는 않는다. 동전에는 1엔, 5엔, 10엔, 50엔, 100엔, 500엔이 있다.

일본의 1,000엔은 한화로 약 13,000원 정도. 초기에 3개월 정도 사용할 생활비로 200,000엔~300,000엔 정도 환전해서 가는 것이 좋다.

공항 내에 위치한 환전소에서 돈을 바꾸게 되면 가장 불리한 환율로 계산하니까 가능하면 출국하기 전날 본인이나 유학원의 주거래 은행을 이용하는 것이 환율우대를 받을 수 있다.

국제체크카드

씨티은행에서 발행 가능한 국제체크카드를 만들어 가자.
입금은 원으로, 일본 현지에서는 실시간 송금기준 환율로 계산하여 엔으로 찾을 수 있다. 당일 송금을 받을 수 있으며, 일본 내 씨티은행 ATM에서 찾을 수 있다. 세븐일레븐 편의점에서도 출금이 가능하나, 수수료가 비싸므로 급하지 않은 경우에는 씨티은행 ATM에서 찾는 것이 좋다.

국제운전면허증

일본에서 렌터카를 운전하기 위해서는 국제운전면허증을 발급받아 가면 된다. 현재 운전면허증을 가지고 있는 사람이라면 누구나 국제운전면허증을 발급받을 수 있다.

신청은 운전면허시험장에서 가능하고 국내 운전면허증과 여권, 신청서, 주민등록증, 비자나 비행기표, 도장, 그리고 사진 1매와 수수료가 필요하다. 오후 2시 이전에 신청하면 3시간 안에, 그리고 2시 이후에 신청하면 다음날 오전 내로 발급해 준다. 하지만 국제운전면허증은 원칙적으로 유효기간이 1년이며, 일본에 입국한 후에 한국에 요청하여 재발행 받은 경우에도 입국일로부터 1년이 유효기간이 되므로 주의해야 한다.

★ 일본어를 Up↑ 시켜주는 인기 TV프로그램 2 ★

우타방 (うたばん)

'우타방'은 우타(노래)+반그미(프로그램)이지만 사실 음악프로라기보다는 배꼽 잡는 토크쇼 같은 느낌이다. 1996년에 시작해서 지금까지 10년이 넘게 방송해온 인기 프로그램으로 '톤네루즈'의 '이시바시 타카아키'와 SMAP의 '나카이 마사히로'가 첫 회부터 쭉 함께 진행을 해오고 있다. 타카아키는 일본 최고의 코미디언으로 연예인 고액납세자로도 유명하다. 특별한 코너보다는 인기연예인들이 게스트로 출연하면 타카아키와 마사히로의 화려한 언변과 제스처로 시청자뿐만 아니라 게스트까지 웃음으로 쓰러지게 만든다. 2007년 4월부터 자막방송이 지원된다.

(방송 : TBS 매주 목요일 저녁 7:54~8:54)

http://www.tbs.jp/utaban

짐 꾸리기

짐은 당장 필요한 것이나 일본보다 우리나라에서 더 저렴한 것을 가져가는 것이 좋다. 우선 일본은 110V를 사용하기 때문에 한국에서 사용하던 가전제품을 가지고 가는 경우 110V/220V 겸용인지 꼭 확인하자. 겸용인 경우 일본에 맞는 플러그만 있으면 사용할 수 있지만, 220V만 가능한 경우에는 변압기가 있어야 한다.

일본의 집들은 한국처럼 온돌이 아니기 때문에 등이 따뜻해야 잠을 잘 수 있는 사람은 전기담요를 챙겨가자. 일본에도 전기담요를 팔지만 안전을 생각해서인지 한국 것만큼 뜨겁지는 않다.

한자도장과 사진 역시 챙겨서 가는 것이 좋다. 일본사회는 도장문화이므로 계약서를 쓸 때나 통장을 만들 때 등 여러모로 필요하다. 또한 아르바이트나 일본에서 외국인등록증, 여권갱신 등의 경우에 사진이 필요하므로 반명함 20장, 여권용 5장 정도 챙겨가자.

일본인은 서로 작은 선물을 주고 받는 것을 좋아하니까 한국적인 느낌의 핸드폰 고리, 열쇠고리, 차 등의 선물을 준비해가는 것도 좋다. 인사동에 가면 저렴하면서도 전통적인 선물들이 많다.

일본에는 한국슈퍼가 없는 곳이 없고 이곳에 가면 각종 반찬은 물론 한국의 기념품까지도 판매하지만, 당장 도착해서 먹을 밑반찬 정도는 챙겨가는 것도 괜찮다. 일본에서 특별히 비싼 음식으로는 깻잎, 젓갈류, 소주 등이 있다.

조금이라도 생활비를 아끼고 싶다면 한국에서 김치 담그는 법을 미리 배워서 가자. 일본의 배추는 수분이 많으니 이것을 감안해서 김장해야 한다.

술은 3병(760cc), 담배는 400개비까지 반입이 가능하고 액체류나 날카로운 물건은 기내 반입이 안되거나 조건이 까다로우므로 되도록이면 수화물로 보내는 것이 좋다.

가방을 선택할 때는 이동하기 편하고 튼튼한 것을 선택하는 것이 좋다.

고추장, 김치 등은 힘들게 들고 가지 않아도 일본의 한국슈퍼에서 모두 구할 수 있다. 대신 김치 만드는 방법이나 익혀가자.

항공편에 따라 수하물 무게는 다르지만 일반적으로 20kg 정도이기 때문에 당장 필요하지 않은 짐은 우체국에서 붙이는 것이 공항에서 추가요금을 내는 것보다 저렴하다. 기내의 경우 가로 55×세로 40×높이 20으로 무게는 10kg 미만이어야 한다.

※ 2007년 3월부터 항공보안규정에 따라 국제선 전 노선에서 액체 및 젤류 휴대반입이 제한되었다.
액체류 : 술, 생수, 음료수, 주스, 향수, 스킨, 로션, 김치 등 일체의 액체류
젤류 : 샴푸, 린스, 헤어젤, 선크림, 로션, 화장품, 된장, 고추장 등
에어로졸류 : 헤어스프레이, 살충제 등 일체의 스프레이 용품

— 휴대반입가능 —
- 용기 사이즈는 1개당 100ml이하
- 1인당 1리터 규격의 Zipper lock 비닐봉투 1개
- 기내에서 사용할 의약품 및 유아용 음식

*라이터, 스위스 아미 나이프 등 쇠붙이는 비행기에 가지고 들어갈 수 없으니 이런 물건들은 휴대할 작은 가방에 넣지 말고 트렁크에 넣어서 짐으로 보내는 것이 좋다.

샌들

운동화

슬리퍼

디지털 카메라, CD player, 충전기,
노트북, 드라이어, 전자 사전(일어 사전)

세면용품, 수건, 때밀이, 면도기,
손톱깎이, 반짇고리
치약, 칫솔은 단기간 쓸 것 준비

MP3

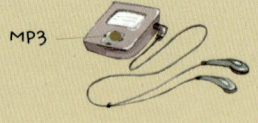

드라이어

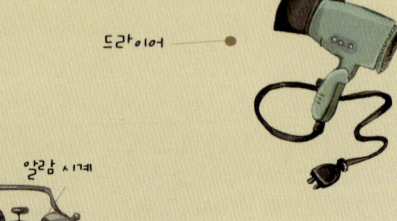

여권, 항공권, 숙소 및 학교 연락처, 국제운전면허증

알람 시계

국제체크카드
해당 국가에서는 언제든지
해당 국가 돈으로 출금 가능

필기도구

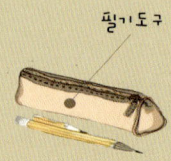

사진
여권용, 반명함

Luggage
짐 꾸리기

화장품

속옷, 양말

의약품
밴드, 감기약, 소화제, 연고 등 간단한 의약품

의류

책
한국에서 보던 일본어교재,
시험준비서 등

휴대용 휴지

선물
핸드폰고리, 차, 인형 등
한국 느낌이 나는 부담 없는 선물

여행 배낭

캐리어

안경, 렌즈
여분을 준비하고 안경점 전화번호를
적어간다.

출국하기

1. 비행기에서

일본 가는 비행기 안에서
일본으로 가는 짧은 시간이지만 일본어를 사용하는 좋은 기회로 활용하자.

チケットを見せていただけないでしょうか。
티켓을 보여주시지 않겠습니까?

私の席はどこですか。
제 자리는 어디입니까?

30Fの席はどこですか。
30F 좌석은 어디입니까?

左角を曲がって眞直ぐ行ってください。
왼쪽모퉁이를 돌아서 곧장 가세요.

すみません。通らせてください。
실례합니다. 지나가게 해주세요.

シートベルトの着用をお願いします。
안전벨트를 매 주시기 바랍니다.

荷物を載せてもらえませんか。
짐을 올려주시겠어요?

飲み物はどんなものがありますか。
음료수는 어떤 것이 있습니까?

コーヒー、紅茶、それからお茶がございます。
커피, 홍차, 그리고 녹차가 있습니다.

コーヒー/お水(みず)をお願(ねが)いします。
커피/물 좀 주세요.

おかわりをください。
리필해주세요.

すみません、もう一杯(いっぱい)いただけますか。
죄송한데요, 한 잔 더 주실 수 있나요?

あの、これ、もうさげてくださいませんか。
저기, 이거 이제 치워주시겠어요?

トイレはどこですか。
화장실은 어디에요?

入國(にゅうこく)カードを一枚(いちまい)ください。
입국 카드 한 장 주세요.

あの、書(か)くものがないんですが、ボールペンを貸(か)してください。
저기, 펜이 없는데 빌려주세요.

作成方法(さくせいほうほう)がわかりませんので教(おし)えてください。
작성법을 모르겠는데 가르쳐주세요.

すみません、空(あ)いている席(せき)に移(うつ)ってもいいですか。
실례합니다. 빈자리로 옮겨도 될까요?

あの、友(とも)だちといっしょに座(すわ)りたいんですが、お席(せき)を替(か)わっていただけないでしょうか。
저기, 친구랑 같이 앉고 싶은데요. 자리를 바꾸어주시면 안될까요?

すみません、酔(よ)い止(ど)めの薬(くすり)ありませんか。
죄송해요. 멀미약 없나요?

와인 이빠이
플리즈~

すみません。

주요 항목 설명

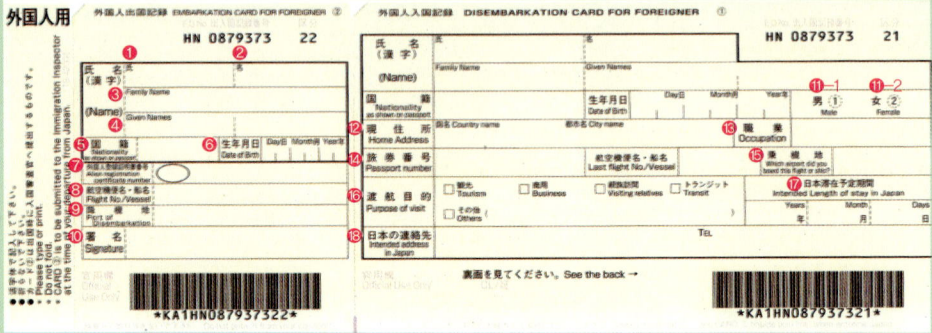

❶ 氏 : 한자 성

❷ 名 : 한자 이름

❸ Family Name : 영문 성

❹ Given Name : 영문 이름

❺ 国籍 : 국적(Korea)

❻ 生年月日 : 생년월일

❼ 外国人登録証明書番号 : 외국인 등록증명서 번호(없음으로 비워둠)

❽ 航空機便名 : 항공기편명

❾ 降機地 : 내리는 도시(예 : Narita)

❿ 署名 : 여권과 동일한 서명

⓫ 男-① 女-② : 남-① 녀-② 중 본인의 성별에 체크

⓬ 現住所 : 한국 거주지 주소(영어or한자)

⓭ 職業 : 직업(예 : student)

⓮ 旅券番号 : 여권번호

⓯ 乗機地 : 탑승지(예 : Incheon)

⓰ 渡航目的 : 방문목적(비자의 종류에 따라 ワーキングホリデー・語学研修・留学 중 선택)

⓱ 日本滞在予定期間 : 일본체류 예정기간(예 : 1년)

⓲ 日本の連絡先 : 일본연락처(호텔 이름 등이나 집주소와 전화번호)

Incoming Passenger Card

출입국카드 작성법

以下の質問について、該当するものに☑を記入してください。
Please check the applicable items.

1 あなたは、日本から退去強制されたこと、出国命令により出国したこと、又は、日本への上陸を拒否されたことがありますか？
   Have you ever been deported from Japan, have you ever departed from Japan under a departure order, or have you ever been denied entry to Japan?
   □ はい Yes   □ いいえ No

2 あなたは、日本国又は日本国以外の国において、刑事事件で有罪判決を受けたことがありますか？
   Have you ever been found guilty in a criminal case in Japan or in another country?
   □ はい Yes   □ いいえ No

3 あなたは、現在、麻薬、大麻、あへん若しくは覚せい剤等の規制薬物又は銃砲、刀剣類若しくは火薬類を所持していますか？
   Do you presently have in your possession narcotics, marijuana, opium, stimulants, or other drugs, swords, explosives or other such items?
   □ はい Yes   □ いいえ No

4 あなたは、現在、現金をいくら所持していますか？
   How much money in cash do you presently have in your possession? _____ (円、$、W、元、その他 Other ( ))

以上の記載内容は事実と相違ありません。
I hereby declare that the statement given above is true and accurate.

署名
Signature _____   年 Year   月 Month   日 Day

2005.11 DNP

1. 당신은 일본으로부터 추방당하거나 출국명령에 의해 일본을 떠나거나 입국거절을 당한 적이 있습니까?

2. 당신은 일본이나 다른 나라에서 형사사건에 유죄판결을 받은 적이 있습니까?

3. 당신은 현재 마약, 대마, 아편, 각성제 등의 약물이나 칼이나 화약류 등을 소지하고 있습니까?

4. 당신은 현재 현금을 얼마나 가지고 있습니까?

   서명: _____ 날짜: ____년 __월 __일

*일본에 입국하기 위해서는 1, 2, 3번 모두 'No'에 해당되어야 하고 No에 체크해야 한다. 4번은 가지고 있는 금액을 엔화(円)나 달러($)로 표기하면 된다. 마지막에 서명과 날짜까지 체크

★반입 금지품
액체류: 술, 생수, 음료수, 주스, 향수, 스킨 로션, 김치 등 일체의 액체류
젤류: 샴푸, 린스, 헤어젤, 선크림, 로션, 화장품, 된장, 고추장 등
에어로졸류: 헤어스프레이, 살충제 등 일체의 스프레이 용품

2. 입국심사

★ 워킹홀리데이비자
Working Holiday,
ワーホリ(와호리)

★ 유학 비자
留學(りゅうがく)

★ 관광비자
觀光(かんこう)

출입국카드와 여권을 함께 제시하고 방문목적은 본인의 비자성격에 맞추어 답하면 된다.

★ 새로운 입국심사수속 개인식별정보 제공 의무화

2006년 5월 24일 '출입국 관리 및 난민 인정법의 일부를 개정하는 법률'이 공포되어 2007년 11월 23일부터 시행되고 있다. 이 법률을 통해 테러를 미연에 방지하기 위한 규정이 정비되었다. 그 일환으로 입국심사시에 개인식별정보 제공이 의무화된 외국인이 지문 및 얼굴사진 제공을 거부한 경우, 일본 입국이 허가되지 않으며 일본으로부터 퇴거를 명령받게 된다. 이 새로운 입국심사수속은 외국인에 대한 인권침해와 개인 프라이버시의 훼손이라는 점에서 수많은 항의를 받고 있지만 아직 이 제도를 철회하겠다는 얘기는 없다.

대상자 : 아래의 면제자를 제외한, 일본으로 입국하는 대부분의 외국인이 해당된다.
1) 특별영주자   2) 16세 미만인 자
3) '외교' 또는 '공용' 재류자격에 해당되는 활동을 행하고자 하는 자
4) 국가 행정기관의 장이 초빙한 자
5) 3번과 4번에 준하는 자로 법무성령이 정하는 자

입국심사 시

パスポートを見せてください。
여권을 보여주세요.

訪問の目的は何ですか。
방문 목적은 무엇입니까?

旅行/觀光/留学です。
여행/관광/유학입니다.

どれぐらいの滞在の予定ですか。
어느 정도 체류할 예정입니까?

三ケ月/六ケ月/一年ぐらいです。
3개월/6개월/1년 정도입니다.

どちらにお泊まりですか。
어디서 묵으십니까?

日本語學校の寮/OOホテルで泊まります。
일본어학교의 기숙사/OO호텔에서 묵습니다.

수하물 찾는 곳

편명을 확인하여 턴테이블에서 짐을 찾으면 된다. 짐이 많은 경우에는 손수레를 이용하는 것이 편리하다.

수하물 찾기

> だいかんこうくう　　びん　てにもつ　う　　　ところ
> **大韓航空321便の手荷物を受ける所はどこですか？**
> 대한항공 321편의 수화물 받는 곳은 어디입니까?
>
> わたし　にもつ　で　　　　　　　　　　さが
> **私の荷物が出てこなかったんですが、捜してください。**
> 제 짐이 안 나왔는데요. 찾아주세요.
>
> ほかんしょう　み
> **保管証を見せてください。**
> 보관증을 보여주십시오.

세관검사

면세범위를 초과하지 않은 경우는 녹색 검사대로, 초과했거나 분명하지 않은 때는 적색 검사대에서 검사를 받으면 된다.

> しんこく
> **申告するものはありませんか。**
> 신고할 물건은 없습니까?
>
> しんこく
> **申告するものはありません。**
> 신고할 물건은 없습니다.
>
> 　　　　　　　　　なか　なに　はい
> **このカバンの中には何が入っていますか。**
> 이 가방 안에는 무엇이 들어있습니까?
>
> ふく　み　まわ
> **服や、身の回りのものです。／おみやげです。**
> 옷이라든지 생활용품입니다. ／ 선물입니다.

도착 로비로

나리타공항에서 버스를 이용하는 경우는 버스티켓 카운터에서 승차권을 구입하여 승차장으로, 전차를 이용하는 경우는 지하 1층으로 가면 된다. 제 1터미널과 제 2터미널 사이를 이동할 경우에는 무료 셔틀버스를 이용하면 된다.

3. 공항에서 도시로 가는 교통편

공항까지 여행자가 이용하는 대중교통으로 택시, 버스, 철도가 있다. 나리타공항은 일본을 대표하는 국제공항이지만 도심까지의 거리가 65Km나 되기 때문에 공항에서 도심까지 거리는 꽤 걸린다. 거리별 요금을 받기 때문에 교통비를 고려하여 움직이는 것이 좋다. 택시를 타면 도쿄 시내까지 2만엔 정도나 나오고 리무진버스도 3,000엔이나 한다. 가장 저렴한 방법은 전철로 종류에 따라 1,000엔에서 2,000엔 사이이다.

일본 출입국카드는 일본으로 가는 항공기 내에서 승무원들이 나누어 주거나 의자 앞에 꽂아둔다. 공항에 도착해서 입국심사를 하는 곳에도 입국카드가 있기는 하지만 비행기 안에서 적어서 가져가는 것이 여유가 있다. 입국카드는 일본어나 영어로 작성하면 된다.

공항에서 도심지로

リムジンバスはどこで乗(の)りますか。
리무진버스는 어디에서 탑니까?

次(つぎ)の成田(なりた)エクスプレスは、何分(なんぷん)の出發(しゅっぱつ)ですか。
다음 나리타 익스프레스는 몇 분에 출발합니까?

このバスはホテルニューオータニに停(と)まりますか。
이 버스는 호텔뉴오타니에서 정차합니까?

ヒルトンホテルまで、お願(ねが)いします。
힐튼호텔까지 가주세요.

나리타국제공항 도쿄

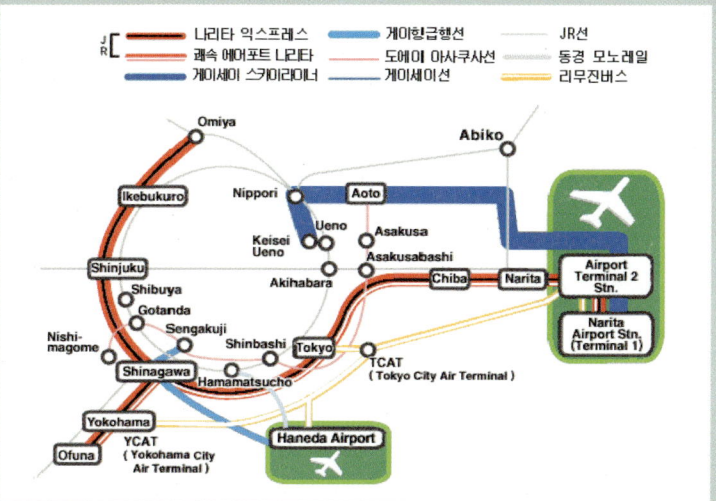

종 류	행선지	소요시간	요 금
케이세이전철 특급	닛포리역, 우에노역	약 1시간 10분	1,000엔
케이세이 급행	닛포리역, 우에노역	약 1시간 40분	1,000엔
케이세이 스카이라이너	닛포리역, 우에노역	약 1시간	1,920엔
JR 쾌속	도쿄역	약 1시간 20분	1,280엔

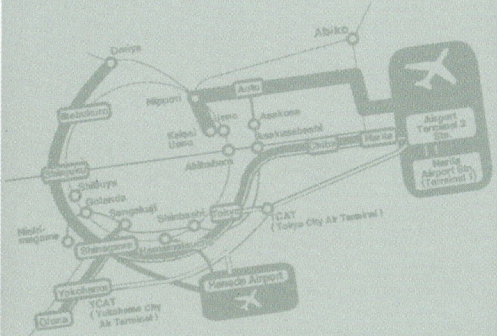

간사이국제공항 오사카

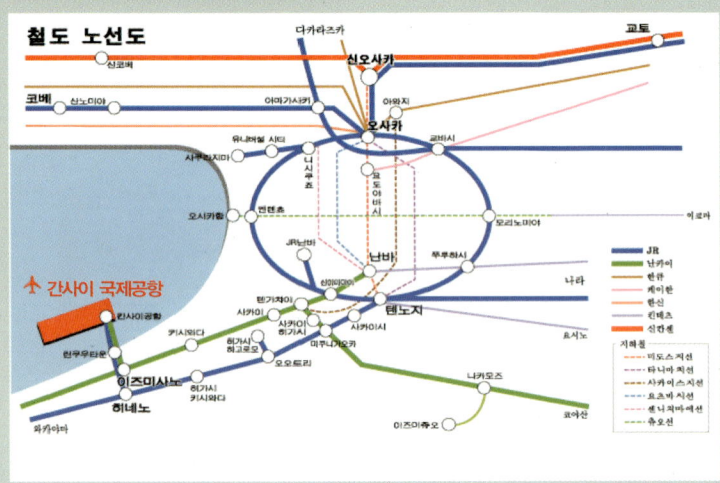

행선지	종 류	소요시간	요 금
오사카역	JR 쾌속(關空快速) 공항버스	약 1시간 50~90분	1,160엔 1,300엔
탠노지역	JR 쾌속	약 43분	1,030엔
JR 난바역	JR 쾌속/특급 공항버스	약 50분/30분 약 45분	1,030엔 880엔
난카이 난바역	난카이센 특급 라피도 알파 난카이센 급행 라피도 베타 난카이센 쾌속(關空快速)	약 33분 약 36분 약 42분	1,390엔 1,390엔 890엔

츄부국제공항 나고야

종 류	행선지	소요시간	요 금
메이테스 특급 열차	메이테스 나고야역	약 45분	850엔
JR 도카이 버스	나고야역	약 1시간	1,000엔
메이테스 버스	메이테스 나고야역	약 1시간	1,000엔

숙소 구하기

1. 임시숙소

유스호스텔

여행자를 위한 단기숙소로 대부분 며칠씩 묵고 떠나는 여행자들이 이용한다. 현재 일본에는 300개 이상의 유스호스텔이 관광명소 및 모든 주요도시에 위치하고 있다. 이층 침대로 된 도미토리룸이 일반적이지만 간혹 일본식 다다미방도 있다. 요금은 1박에 최하 2,500엔 정도로 시설에 따라 차이가 난다. 예약은 다음 사이트들에서 온라인으로나 전화로 가능하다.

http://www.jyh.or.jp
http://www.hosteltimes.com
http://www.hostels.com

가이징하우스 (게스트하우스)

외국 배낭여행자들이 많이 이용해서 일명 '가이징하우스'라고 불린다. 원래부터 여행객을 위해 지은 곳은 깔끔하지만 일반 가정집을 개조한 곳은 지저분한 곳도 많다. 장단기 모두 이용 가능한데 어떤 곳은 장기체류자만을 받기도 한다. 대부분 부엌, 샤워, 화장실 등은 공용이고 취사가 가능하다. 도미토리는 1박에 약 1,700엔, 싱글룸은 약 2,700~3,500엔 정도이다. 장기의 경우는 월세로 싱글룸 60,000엔~80,000엔, 보증금(10,000~30,000엔)을 받는 곳도 있다.

http://www.gaijinhouse.com
http://www.hituji.jp
http://www.oakhouse.jp

민슈쿠(민박)

가정과 같은 숙박형태의 민박은 평균요금이 1박2식에 6,500엔 이상이며, 대도시에는 없는 경우가 많으나 지방 도시의 경우 가맹시설이 많다. 저렴한 숙박료로 일본의 가정생활을 좀 더 알차게 경험해 볼 수 있다.
http://www.minshuku.or.jp
http://www.minsyuku.biz

호텔

일본호텔협회(JHL)에 속하는 400개 이상의 호텔은 높은 서비스와 시설을 자랑한다. 일류 호텔의 평균적인 요금은 도쿄의 경우 욕실이 있는 싱글룸이 15,000~30,000엔이고, 욕실이 있는 트윈룸은 25,000~45,000엔이다. 팁을 낼 필요가 없는 대신 요금에는 소비세 5%와 서비스 요금 10~15%가 가산된다.
http://www.j-hotel.or.jp

료칸

약 80,000개소의 여관 가운데 2,100개소의 여관이 높은 서비스와 설비를 자랑하는 국제관광여관연맹(JRA)의 멤버이다. 이 JRA멤버 여관의 평균요금은 1박2식에 1인당 12,000~20,000엔 이상이며 세금과 서비스 요금이 가산된다. 이 밖에 일본여관협회(Japanese inn Group)에 속하는 70개소의 여관은 보다 경제적이며 평균요금은 1인당 5,000~6,000엔 정도이다.
http://www.ryokan.or.jp

비즈니스 호텔

호화롭지는 않으나 능률적이고 청결하며 요금이 싼 것이 매력이다. 일본인 비즈니스맨의 이용자가 많기 때문에 대부분 싱글룸이다. 지하철이나 기차역에서 가까운 곳에 위치하고 있으며 평균요금은 1인당 7,000~8,000엔이다.
http://www.b-hotel.org

한국민박집

한국인이 운영하는 곳으로 일본어가 서툴거나 한국식을 좋아하는 사람들이 주로 이용한다. 아침과 저녁은 유료로 한식으로 제공되며, 집주인이 일본여행에 대해 안내해주기도 한다. 방은 유스호스텔식부터 콘도식까지 여러 형태가 있다. 주로 도심에 위치하며 교민잡지에 한국민박집 리스트가 실려 있다. 요금은 보통 1박 2,800~4,000엔 정도다.

홈스테이

홈스테이란 일본의 가정집에서 숙박은 물론 식사까지 제공받는 것이다. 이 숙박형태는 서양이나 우리나라(하숙)에선 보편적인 것이지만, 집 구조가 좁은 일본에서는 아주 드문 경우이다. 홈스테이는 한 가정의 구성원과 같은 것이므로 일본 가정에서의 기본 규칙과 예의범절을 지켜야 한다.

http://www.homestayweb.com

국민숙사

많은 리조트나 공원에 지방자치단체가 운영하는 국민숙사가 있으며 숙박료는 1인당 1박2식에 7,000~10,000엔이다.

http://www.kokumin-shukusha.or.jp

펜션

프랑스식 이름을 본 딴 이 숙박시설은 가정집 같은 분위기와 정성어린 음식이 특징으로 일본 전역의 유명 휴양지에서 찾아볼 수 있다. 전형적인 펜션에는 십여 개의 서양식 객실이 있으며 가족이 운영한다. 평균 숙박료는 1박2식에 8,000~9,000엔 정도이다. 실내의 아늑함과 야외 레크리에이션을 함께 즐기고자 한다면 펜션이 매우 이상적이다.

http://www.jpa.org

★기타 숙박시설★

卍 절, 신사
일부 신사나 절에서도 저렴한 요금으로 숙박이 가능하며, 이런 곳들 중 50여 개소 이상이 일본 유스호스텔협회에 가입되어 있다.

♨ 온천
온천 휴양지에 따라서는 콘도미니엄을 빌릴 수도 있고, 혹은 색다른 타입의 임시 거처를 마련할 수 있는 곳도 있다.

❖ 야간열차, 버스, 페리
장거리 열차, 버스, 페리를 타고 목적지로 이동하면서 편안하게 하룻밤을 보낼 수 있다.

☎ 웰컴인 예약센터
웰컴인에는 전국 각 도시의 호텔, 료칸, 민박, 비즈니스 호텔, 펜션, 국민숙사, 유스호스텔에 이르기까지 다양한 타입의 숙박시설이 포함되어 있다. 대부분 싱글룸 1박에 4,000~8,000엔 가량의 객실을 보유하고 있으며 예약은 홈페이지 또는 웰컴인 안내책자의 양식을 통해 1~2주 전에 하면 된다.

http://www.itcj.or.jp

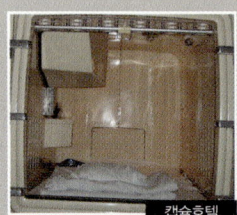

캡슐호텔

임시숙소 구할 때

いつお越しになるご予定でしょうか。
언제 오실 예정이십니까?

来週の火曜日から一泊の予定です。
다음 주 화요일부터 하룻밤 묵을 예정입니다.

何名さまのお泊まりでしょうか。
몇 분 투숙하십니까?

どのようなお部屋をご希望でしょうか。
어떤 방을 희망하십니까?

シングル/ダブル/ツインで、お願いします。
싱글/더블/트윈으로 부탁합니다.

洋室より和室がいいんですが。
서양식보다 일본식 방이었으면 좋겠는데요.

その部屋は税込みでいくらですか。
그 방은 세금 포함해서 얼마입니까?

もっと安い部屋はありませんか。
좀 더 싼 방은 없습니까?

今週土曜日の予約をキャンセルしたいんですが。
이번 주 토요일 예약을 취소하고 싶은데요.

6月10日の予約を12日に変更できますか。
6월 10일 예약을 12일로 변경 가능합니까?

キムと申します。予約してあるんですが。
김이라고 합니다. 예약해두었는데요.

今お調べしますので、少々お待ちください。
지금 찾아보겠습니다. 잠시만 기다려주세요.

キムさまでらっしゃいますね。

こちら、お部屋のキーでございます。507号室です。
김상이시네요. 여기, 객실의 키입니다. 507호실입니다.

予約(よやく)していないんですけど、空(あ)いている部屋(へや)はありますか。
예약하지 않았습니다만 빈방 있습니까?

あいにく、ただいま満室(まんしつ)となっておりまして、空(あ)きの部屋(へや)はございません。
공교롭게도 지금은 방이 꽉 차서 빈방이 없습니다.

チェックアウトは何時(なんじ)ですか。
체크아웃은 몇 시입니까?

午後3時からとなっております。
오후 3시입니다.

チェックインするまで、荷物(にもつ)を預(あず)かってもらえませんか。
체크인하기 전까지 짐을 맡아주시겠습니까?

領収書(りょうしゅうしょ)をくださいますか。
영수증 주시겠어요?

★일본어를 Up↑ 시켜주는 인기 TV프로그램 3★

런던하츠 London Hearts (ロンドンハーツ)

일본의 대표적인 인기 버라이어티 프로그램으로 1999년부터 방송했다. '타무라 아츠시'와 '타무라 료'가 함께 진행하는데 성이 같지만 혈연관계는 아니다. 실질적인 진행자는 아츠시로 아이디어가 뛰어나고 직접 사람들을 웃기기보다는 출연자들로 하여금 시청자들을 웃게 만드는 재주꾼이다. '순위 매기는 여자들' 등 다양한 코너로 구성되어 있다. 대표적인 인기코너로는 연예인들과 일반인들을 상대로 작업녀를 접근시켜 골탕먹이는 '블랙메일', '트라이앵글', '아이돌트랩' 등이 있었는데 한국의 방송에서도 많이 흉내를 낸 코너들이다. 그리고 '피해자 모임(마성의 여자)'이라는, 그 동안 많은 남자들을 우려먹는 마녀 같은 여자를 상대로 런던하츠 제작팀에서 속이고 골탕먹이는 코너도 있었다. 2007년 6월부터 자막방송이 지원된다.

(방송 : TV아사히, 매주 화요일 밤 9시~9:54)
http://www.tv-asahi.co.jp/londonhearts

2. 장기숙소

장기적으로 머물 경우에는 일상생활에 지장이 없는 주거지에 편안하고 안정감을 줄 수 있는 곳을 선택하는 것이 좋다. 일본은 산이 많고 사람이 살 수 있는 땅은 비좁은데다가 인구가 많기 때문에 일본의 주택은 좁고 집세가 비싼 편이다. 도쿄 등의 대도시에는 인구와 기업이 집중되어 토지가 부족하기 때문에 방 구하기가 쉽지 않다. 특히 봄과 가을에 더욱 심하다. 일본에서 주거의 종류는 학교기숙사, 사설기숙사, 아파트 임대 등의 형태로 구분할 수 있으며, 주거를 선택 할 때에는 내부시설, 계약조건, 비용, 1실 이용인원, 교통 등을 종합적으로 고려하는 것이 바람직하다.

★시키킹, 레이킹, 부동산 수수료 없이 집 계약하기
www.tokyofullhouse.com
일본에서 걸 때
03-3865-7113
한국에서 걸 때
070-7584-7115

부동산에서

がいこくじん にゅうきょ
外国人でも入居できますか。
외국인이라도 입주 가능합니까?

おおや けいやく
マンションの大家さんとの契約は、どうすればいいですか。
맨션 주인과 계약은 어떻게 하면 됩니까?

まいつき やちん なんにち はら こ
毎月の家賃は何日まで拂い込めばいいんですか。
매월 집세는 며칠까지 내면 됩니까?

えき とお ちか てい
駅からは遠いですか。バスだと、近くにバス停はありますか。
역에서 멉니까? 버스가 있다면 가까운데 버스정류장이 있습니까?

아파트

우리나라의 연립주택이나 빌라 같은 형태를 일본에서는 아파트라고 부른다. 일본에서는 외국인에게 방을 잘 임대해 주지 않는 편이지만 일본인 보증인이 있으면 방을 얻을 수 있다. 내부에는 아무런 시설도 갖추어져 있지 않은 경우가 많으므로 TV, 냉장고, 냉난방설비, 가스레인지, 침대, 세탁기 등 생활비품을 개인적으로 구입해야 하며 계약 시에는 월세의 약 4배~5배 정도의 자금이 필요하다. 요금은 2인 1실을 기준으로 도쿄의 경우 1개월에 약 40,000엔 내외이다.

맨션

우리나라의 고층아파트 같은 형태를 일본에서는 만숀(맨션)이라고 부르고 높은 층의 방일수록 방세가 비싸다. 맨션은 원룸형에서 방이 2~3개까지 여러 형태가 있는데, 독방을 사용하는 학생도 있고 2인 1실로 해서 여럿이서 함께 생활하는 경우도 있다. 내부시설은 생활하는 데 편리하게 갖추어져 있고 요금은 2인 1실을 기준으로 할 때 도쿄가 1개월에 약 50,000엔 정도이다.

기숙사

일본 전역에는 국가나 자치단체 또는 학교, 개인이 운영하는 기숙사들이 많다. 일본어학교에서 자체적으로 운영하고 있는 학생용 기숙사는 해당 어학교에 등록한 학생일 경우 입주할 수 있으나 어학교에서 학생용 기숙사를 갖고 있는 경우는 많지 않다. 그래서 일반적으로는 민간 기숙사를 이용하게 된다. 일반적으로 부엌, 화장실, 욕실 등을 공용으로 사용하는 곳이 많은데 내부시설은 기숙사에 따라 차이가 있으므로 잘 선택하자. 계약은 보통 3개월/6개월/1년 단위로 이루어지며 2인 1실을 기준으로 보증금과 입실료가 각각 1~3만엔, 1개월치 월세는 약 40,000~60,000엔 내외로 보통 최초 계약 시에 보증금과 입실료, 3개월치 월세를 선불로 지불한다.

주택임대

주택임대에 관한 정보는 주택정보지, 역 주변의 부동산에서 자체 제작한 무료 정보지, 부동산 방문 등을 통해 정보를 알아봐야 한다. 집을 알아볼 때에는 그 집의 금지사항에 대해 사전에 알아두는 것이 좋다. 애완동물 금지, 피아노 금지 등 금지사항을 지키지 않으면 강제퇴거를 당할 수도 있기 때문에 사전에 자신과 맞는 집을 구하자. 또한 계약 시 1명만 들어가기로 했다면 그 사항에 대해 지켜야 하며 만에 하나 변경이 생길 경우 사전에 집주인에게 가능한지 양해를 구해야 한다. 집세 지급방법도 미리 알아두는 것이 좋으며 이사를 하게 되었을 경우 1개월 이상을 남겨두고 집주인에게 알려줘야 한다.

계약방법

보증인 일본인 보증인이 없이는 집을 구하기 어렵다. 부동산에서는 보증인이 되어주는 사람에게 인감, 인감증명, 주민표 등을 요구할 수도 있다는 것도 알아두자. 계약시 본인의 신분증명서(외국인등록증), 재학증명서 혹은 재직증명서, 인감도장 등이 필요하다.

계약할 때 비용 일본은 월세형식으로 계약을 하는데 처음 입주할 때 보증금과 사례금 등 약 5개월 분의 월세를 준비해야 한다.

월세 처음에 한 달분을 선지급한다.

보증금 월세의 2개월분을 내며 나중에 받을 수 있다. 만약 집이 손상된 부분이 있으면 그만큼의 금액을 제하고 받는다.

사례금 주인에게 집을 빌려줘서 고맙다는 의미로 주는 돈이며 해약 시 받지 못한다. 일반적으로 월세의 2개월분에 해당한다.

부동산 중개수수료 부동산을 통해 방을 얻었을 경우 부동산에 지불한다. 보통 1개월분 월세에 해당하는 금액.

관리비 월세 안에 포함되어 있는 경우도 있고 별도로 내는 경우도 있다.

레오팔레스

대형 주택임대회사로 전국에 아파트와 맨션을 보유하고 있다. 보통 일본에서 방을 얻을 때는 보증금과 사례금 등 4~5개월치 방값에 해당하는 금액을 선금으로 내야 되지만 레오팔레스는 이런 비용이 필요 없고 보증인도 필요 없다. 대신 가전, 가구가 갖추어져 있고 세금도 방값에 포함되어 있어서 일반적으로 방을 빌릴 때보다 월세가 더 비싼 것이 단점이다. 최소 2주 이상이면 방을 빌릴 수 있고 최초 계약기간만큼 방값을 일시불로 내기 때문에 3개월이나 6개월 등 길게 계약할수록 월세가 낮게 책정된다.

http://www.leopalace21.co.kr

일본 초기생활 안내

1. 외국인등록증 만들기

외국인등록증 만들기

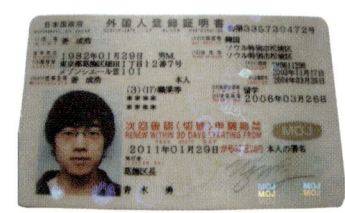

일본에서 장기적으로 체류하는 경우 입국한지 90일 이내로 외국인등록증을 만들어야 한다. 집에서 가까운 구야쿠쇼(구청)나 시야쿠쇼(시청)에 가서 신청하면 된다. 외국인등록증은 일본 내에서 신분증이 되며 핸드폰, 통장개설, 국민건강보험 등의 등록을 할 때 꼭 필요하다. 발급받기 전에는 신분을 증명할 여권을 가지고 다니자.

★ 외국인등록증을 발급받기 전까지는 반드시 여권을 가지고 다녀야 한다.

★ 외국인등록신청서만 있어도 통장개설이 가능한 은행들이 있으므로 발부받아 둘 것(300엔)

외국인등록증 신청

구야쿠쇼(구청)

★발 급★

1. **준비물** : 반명함판 사진 2매, 여권
2. **용지기입 시 필요사항** : 성명, 국적, 생년월일, 출생지(한국주소), 일본주소, 세대주 성명, 세대주와 관계, 직업, 학교명칭 및 주소
3. **절차** : 입국 후 90일 이내 관할 구청/시청의 '외국인 등록' 창구에서 신청
4. **소요기간** : 약 2주

★재발급★

1. **준비물** : 반명함판 사진 2매, 여권
2. **절차** : 분실한 날로부터 14일 이내에 구청/시청의 '외국인 등록' 창구에서 신청

※ 분실한 사실을 증명하기 위해 관할 경찰서/파출소에 '유실신고'나 '도난신고'를 해야 한다.

외국인등록증을 만들 때

外国人登録証を受けたいですが。
외국인등록증을 만들고 싶은데요.

外国人登録証の切り替えをお願いしたいんですが。
외국인등록증의 갱신을 부탁하고 싶은데요.

収入印紙はどこで売っていますか。
수입인지는 어디에서 팔고 있습니까?

証明写真はどこで撮りますか。
증명사진은 어디서 찍습니까?

指紋の捺印はどこにしますか?
지문날인은 어디에 합니까?

住所変更は何週間以内にしなければなりませんか。
주소 변경은 몇 주 이내에 해야 합니까?

★ 외국인은 외부인?

'외국인'은 일본어로 外国人이지만 일본사람들은 흔히 外人이라고 부른다. 단순히 짧게 줄인 말일 수도 있지만 가이징은 '외부인'이란 뜻으로 일본인(내부인)과 외부인을 확실히 구분 짓는 말이기도 하다. 그래서 외국인들이 가이징이란 말을 사용하면 좀 신기하게 쳐다보기도 한다.

외국인을 상대로 하는 보란티어나 일본어 강좌 알아보기

일본의 구청에서는 외국인을 상대로 한 일본어 기초교육 및 다양한 교류 프로그램이 있기 때문에 잘 활용하면 일본어를 늘리는 데 많은 도움이 된다.

国際交流センターはどこですか。
국제교류센타는 어디입니까?

外国人のための日本語講座もありますか?
외국인을 위한 일본어강좌도 있습니까?

外国人も参加できますか。
외국인이라도 참가 가능합니까?

2. 국민건강보험 가입하기

★ 신청
준비물 : 외국인등록증 혹은 외국인등록증명서, 학생증
절차 : 외국인등록증을 신청할 때 같이 관할 구청에서 함
소요시간 : 1~5일

외국인등록증이나 등록증명서라도 받으면 그곳에서(구약쇼, 시약쇼) 바로 국민건강보험도 신청하자. 유학비자인 사람은 일본에서 국민건강보험가입이 의무이다. 학생인 경우 보험료가 1년에 10,000엔 정도로 분납도 가능하다. 치료비의 70%를 보조받을 수 있고 1개월에 개인 부담금이 57,000엔이 넘는 경우는 환급도 받게 된다. 소득이 높을수록 매월 납입하는 보험료가 올라가는데, 보통 일본에 막 도착해서 초기에 일자리 없이 보험에 가입하니까 건강보험료가 많이 부과되지 않을 것이다. 도착해서 바로 일자리를 구한 사람도 굳이 취업사실을 밝힐 필요는 없다. 보험증은 각 도시 각 구마다 모두 모양이 다르다.

★ 워킹홀리데이는 의무는 아니지만 되도록이면 가입해두는 것이 좋다. 입국 초기에 3개월 이상 어학교를 등록한 경우 유학비자와 동일하게 학생할인을 받을 수 있다.

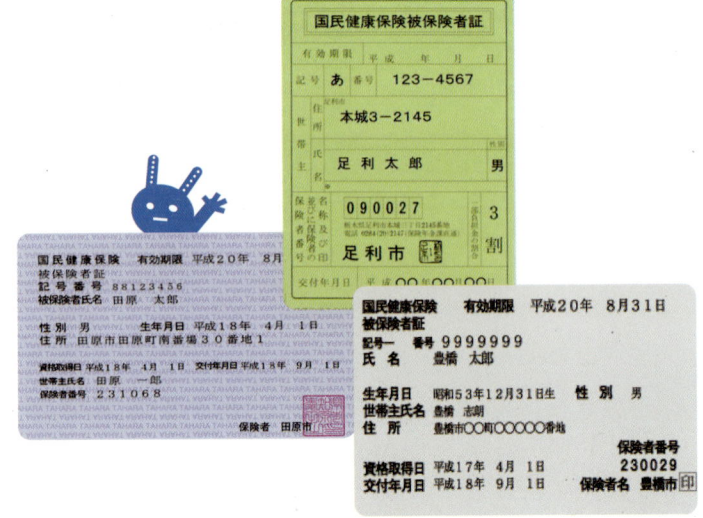

3. 재입국허가서 받기

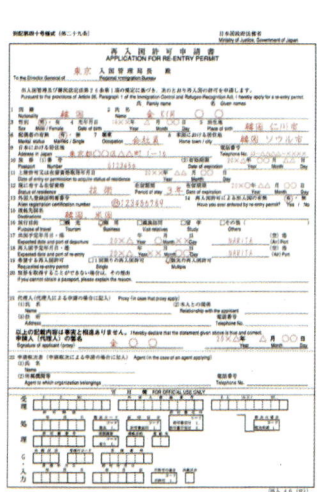

재입국허가신청서

워킹홀리데이비자 혹은 유학비자 등의 장기체재비자를 가지고 있는 경우 도중에 한국에 잠시 다녀오거나 다른 나라로 여행을 갔다 올 수도 있다. 이 때는 반드시 재입국허가서를 받고 출국해야 한다는 점을 주의하자. 만약 재입국허가서를 받지 않고 출국을 할 경우 비자를 포기하고 돌아가는 것이 되어서, 기존의 비자는 취소가 되고 다시 비자를 받아야 하는 불상사가 생길 수 있다.

★신청
준비물 : 신청서, 여권, 외국인등록증, 재학증명서, 수수료(수입인지 3,000엔)
절차 : 도쿄입국관리국에서 신청 즉시 발급됨

★여권 갱신과 재발급★

여권은 외국에서 자신의 신분증이다. 분실하지 않게 주의해야 하며 여권번호는 반드시 수첩에 기재해두도록 하자. 기간이 만료되어 갱신하거나 분실하여 재발급을 해야 할 때는 일본 내에 있는 한국대사관 또는 영사관을 방문하여 재발급 받으면 된다.

★갱신 및 재발급★

준비물 : 분실증명서, 증명사진, 여권번호, 발행일
절차 : 위의 준비물을 가지고 일본 내 한국 대사관/영사관을 방문
소요기간 : 약 1주
※분실증명서는 주거지 근처 경찰서/파출소에서 '유실신고' 나 '도난신고'를 하면 받을 수 있다.

4. 자전거 이용안내

★ 자전거

일본에 자전거가 많아서 그런지 자전거를 가리키는 일본어도 여러 가지가 있다. 가장 기본적인 自轉車(じてんしゃ)와 또 ちゃりんこ 혹은 이를 줄여서 チャリ라고도 부른다. 그래서 앞에 바구니가 달린 아줌마 자전거는 ママチャリ라고 한다. 참고로 역이나 상가 등의 자전거 보관소는 駐輪所(ちゅうりんじょ)

일본에서 자전거는 중요한 교통수단의 하나로 사용되고 있다. 그래서 우리나라와 달리 자동차나 오토바이처럼 등록을 해야 사용이 가능하다. 새 자전거를 구입할 때는 반드시 방범등록을 해야 하고, 중고 자전거를 살 경우는 전 소유주에게 반드시 양도증명서를 받아 경찰서에 방범등록변경을 해야 한다. 자전거에는 방범등록이 되어 있기 때문에 길거리에 방치되어 있는 자전거라고 해서 그냥 타게 되면 도둑이 되므로 주의하자. 또한 정해진 장소에 자전거를 세워두지 않으면 견인되거나 벌금을 물게 된다.

이용방법

새 자전거 구입시
구입한 곳에서 방범등록(500엔) 한 후 사용. 만약의 경우를 대비해 영수증을 보관한다.

중고 자전거 구입시
전 소유주에게 양도증명서를 받아 기존에 자건거를 등록한 경찰서에서 방범등록변경을 해야 함.

※ 한국에서 자전거를 가져갈 경우도 영수증을 꼭 가져가고 경시청에 방범등록을 해야 한다.
※ 두 명 이상이 타면 안 되고 밤에는 꼭 라이트를 켜자.

5. 통장 개설하기

은행에 넣어둘 만큼의 현금이 없는 사람도 있겠지만 통장을 개설해야 돈을 안전하게 보관할 수 있고 송금을 받을 수도 있다. 통장을 만들 때는 가까이에 지점과 자동인출기가 많이 있는 은행을 선택하는 것이 편리하면서 경제적이다. 일반적으로 외국인등록증이 나와야 통장을 개설할 수 있지만, 외국인등록신청서만 가지고도 가능한 은행들이 있으니 은행에 가서 확인해보자.

– 준비물 : 외국인등록증(외국인등록신청서), 한자도장

★ **은행통장과 함께 현금카드는 함께 만들 것!**
카드를 수령하는 데 1주일 정도 걸리니까 당장 쓸 돈은 남겨두고 입금하자.

이용 시간 및 수수료

은행 이용	일반	월~금요일 오전 9시부터 오후 3시까지
	캐시 코너	월~금요일은 오후 7시, 토요일은 오후 5시까지 (일부 점포 일요일도 오후 5시까지)
수수료	타 은행 계좌	1회 105엔
	영업시간 이후	1회 105엔(평일 오후 6시 이후와 토요일 오후 2시 이후, 일요일 종일)

송금 이용 안내

송금하기	준비물	여권, 외국인등록증, 수수료
	기입사항	한국주소(영문), 보내는 사람 이름, 은행이름, 사는 곳, 본인이름
송금받기	한국에 알릴 사항 (영문)	일본은행명, 지점명, 지점번호, 계좌번호, 수수료
송금기간	2~3일 정도 소요	수수료 : 약 5,000엔 정도(보내는 쪽, 받는 쪽 수수료 모두 포함)

★ **우체국통장**
우체국통장은 외국인등록신청서만 있으면 당일에 개설할 수 있다.
입국 시 가지고 갔던 돈을 안전하게 보관하기 위해 우체국통장을 먼저 개설하도록 하자.

6. 핸드폰 구입과 전화사용

일본에 도착하면 가장 먼저 할 것이 가족들에게 전화하는 일이다. 출국 후 도착해서 피로함과 짐 정리때문에 가족에게 전화하는 것을 잊어버리는 경우가 종종 있는데 집에서 걱정할 가족들을 생각해서 제일 먼저 전화부터 하도록 하자.

핸드폰 구입하기

★ **신청준비물**
외국인등록증(증명서), 여권, 학생증, 건강보험증+신용카드 or 일본통장과 도장

일본에서 아르바이트를 구하기 위해서나 가족이나 친구들과 연락을 주고 받기 위해 핸드폰이 필요하다. 주요 이동통신사로는 Docomo, Softbank, au 등이 있다. 그 중 유학생들은 Softbank와 au를 많이 사용한다. au는 유학생인 경우 50% 할인(학교를 다닐 경우만 해당)이 되며 Softbank는 Softbank간 무료통화(밤 9시~새벽 1시 제외) 및 시간제한 없이 メール(문자)가 무료이다. 그리고 핸드폰을 만들 때 약정기간도 꼭 확인해야 한다. 약정기간을 어길 경우 위약금이 발생하므로, 유학기간과 맞는지 확인해봐야 한다. 통신사는 위의 사항들을 잘 비교해서 결정하도록 하자.

★ **인터넷전화**
같은 인터넷전화끼리는 통화가 무료이다. 저렴하게 통화가 가능한 인터넷전화를 만들어 가도록 하자.
한국 집과 일본 거주지에 각각 1대씩 가지고 있으면 전화비 걱정 없이 자유롭게 통화 및 문자를 주고 받을 수 있다.

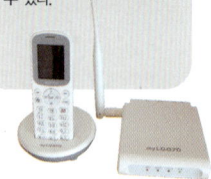

공중전화

일본의 공중전화는 우리나라와 마찬가지로 어디에서나 쉽게 찾아볼 수 있으며 사용하는 방법도 같다. 10엔 동전만 사용할 수 있는 것과 100엔 동전도 함께 쓸 수 있는 것, 전화카드를 사용할 수 있는 것이 있으니 그 점만 주의하면 된다. 전화카드의 경우 역의 매점, 서점, 잡화점 등에서 쉽게 구입이 가능하다. 국제전화가 가능한 공중전화는 전화박스 위쪽에 지구마크가 그려져 있다. 토/일요일과 공휴일, 평일의 19시에서 23시까지는 20%, 23시에서 08시까지는 요금이 40% 할인된다.

일본에서 한국으로 전화하기

유선전화에 걸 경우
전화번호 ➡ 02-999-9999 ➡ 001+82+2+999 9999
(국제전화 회사번호+국가번호+지역번호+유선전화번호)

핸드폰에 걸 경우
핸드폰 번호 ➡ 011-666-7777 ➡ 001+82+11 666 7777
(국제전화 회사번호+국가번호+핸드폰번호)

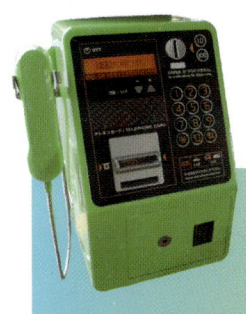

★기타 전화번호 관련 정보★

1. Free Dial : 0120
기업 등에서 실시하고 있는 전화서비스로, 상품의 주문이나 불만, 불평 등을 접수한다. 통화요금은 전화를 받는 쪽에서 지불하기 때문에 전화를 거는 쪽은 전혀 부담이 없다. 앞번호가 모두 0120으로 시작한다.

2. 전화번호안내
104에 걸면 일본 국내 어느 곳이든지 전화번호 문의가 가능하나 30엔의 비용이 든다.

3. 시보 및 일기예보
시보는 117에, 일기예보는 177에 걸면 된다. 만약 다른 지역의 날씨를 알고 싶으면 그 곳의 지역번호와 177을 누르면 된다.

일상 속으로

1. 일본 음식

★ **우메보시(梅干)**
매실을 소금에 절여서 만든 일본 전통의 절임음식이다. 주로 반찬으로 밥과 함께 먹지만 처음 먹어보는 외국인들은 우메보시 특유의 쓰고 짠맛에 깜짝 놀란다. 슈퍼마켓에 가면 단지 같은 용기에 담겨 있는데 몸에는 좋다니 용기 있는 사람은 한번 도전해보자. ^^

일본의 가정에서 일반적인 식단은 밥과 된장국(미소), 장아찌 및 육류 또는 생선이다. 많이 사용하는 양념으로는 간장(쇼유), 연 겨자(와사비) 및 김(노리)이 있다. 쌀이 주식이지만 생선 또한 즐겨 먹는 중요한 음식이다.

육류는 전통적인 일본 음식은 아니었지만 지난 수세기 동안 닭고기, 돼지고기, 쇠고기를 이용한 새롭고 맛있는 조리법들이 개발되었다. 막대에 고기를 꿰어 구운 꼬치구이(야키토리)와 쇠고기를 야채 및 두부(토후)와 함께 요리하는 전골요리인 스키야키 등은 어디에서도 인기가 많다.

밥을 대신해서 인기있는 음식으로는 메밀국수(소바)와 밀가루로 만든 우동 등이 있다. 주로 우묵한 그릇에 담아 야채와 유부 또는 튀김을 얹고 뜨거운 국물을 부어서 제공한다.

녹차(오차)는 일본인들이 가장 좋아하는 음료다. 식사 후나 모임이 있을 때마다 차를 마신다. 오차는 아무 것도 넣지 않고 뜨거울 때 마신다. 그 외에 인기있는 음료로는 홍차, 쌀로 빚은 사케(청주), 쌀이나 기타 잡곡에 누룩을 섞어 발효, 증류시킨 술(소주)과 자두와 같은 과일로 만든 과실주도 있다.

2. 일본 쇼핑

생활용품에서 공업제품에 이르기까지 일본의 제품은 세계적으로 유명한 브랜드가 많으며 최근에는 젊은 취향을 공략한 실용적이고 저렴한 제품을 구입할 수 있는 상점도 많다. 일본여행의 선물로 인기있는 품목에는 전자제품, 게임 소프트웨어, 액세서리용품, 각종 캐릭터상품, 특산품이나 생활도자기, 전통과자(오카시) 등이 있으며 이러한 품목들은 각지의 전문점이나 디스카운트숍, 백화점 등지에서 쉽게 구입할 수 있다. 도쿄의 쇼핑지역으로는 백화점이 밀집한 긴자, 신주쿠, 시부야, 오다이바 등이 있다. 또한 아키하바라의 전자상가, 각종 패션 브랜드숍이나 부티끄가 늘어선 하라주쿠, 아오야마, 롯본기 등은 세계적으로 유명한 쇼핑명소이다.

★ **낫토(納豆)**
삶은 대두를 발효시켜 만든 일본의 전통음식으로 한국의 청국장과 비슷하다. 집으면 끈적끈적한 실처럼 길게 늘어나는데 특유의 냄새와 맛 때문에 싫어하는 일본 젊은이들도 많다. 하지만 최근엔 이 낫토의 효능이 외국에서도 인정받아 건강음식으로 많은 관심을 받고 있다.

슈퍼마켓

대부분의 역 주변 동네입구에는 대형 슈퍼마켓이 있다. 슈퍼마켓 중에서는 전국 체인점을 갖고 있는 것들이 많으며, 할인 물건을 알리는 홍보 전단지를 일간신문에 끼워서 돌리기도 한다.

재래시장

우리나라의 재래시장처럼 다양한 가게들이 모여 있다. 야채가게, 정육점, 생선가게뿐만 아니라 옷가게, 미용실 등 여러 편의시설이 많이 밀집해 있다.

100엔숍

모든 물건을 100엔에 판매한다. 주방용품, 문구용품, 액세서리, 화장품, 잡화 등 없는 것이 없다. 가격에 비해서 물건의 질은 믿어지지 않을 정도로 좋다. 처음 일본에서 살림을 장만할 때 이용하면 저렴한 가격에 많은 물건을 살 수 있다. 대표적인 회사로 다이소, 캔두 등이 있다.

편의점

동네 구석구석 자리 잡고 있으며 24시간 언제든지 이용하기 편리한 장점이 있지만 가격이 비싸다는 것이 흠이다. 편의점에서는 물건 구입뿐만 아니라 복사, 팩스, 공과금 납부, 택배 등 일상생활에서 필요한 다양한 서비스를 유료로 이용할 수 있다.

벼룩시장

벼룩시장은 골동품을 파는 곳과 중고 생활용품을 파는 두 가지로 나뉜다. 관광객이라면 골동품을 파는 벼룩시장에 흥미가 있겠지만 일본에서 생활하는 사람이라면 일상용품을 파는 리사이클링 숍이 유용하다. 벼룩시장은 몇 개의 단체에서 운영하고 있으며 매번 장소가 바뀌기 때문에 사전에 미리 문의해봐야 한다. 일정금액을 내면 벼룩시장에 참여해 물건을 팔 수도 있다. 리사이클링숍은 동네 어디나 있으므로 쉽게 찾을 수 있다.

면세점 구입

면세품 쇼핑을 할 때는 반드시 여권을 지참해야 한다. 일본의 면세점은 주로 공항면세점을 말하며, 대형백화점은 의류 등의 품목에 한해서 구입가격이 10,000엔 이상인 경우 면세 데스크에서 5% 소비세를 환불해 준다.

한국에 없는 브랜드 쇼핑

세계적으로 유명한 브랜드라면 대부분 일본에도 매장이 있다. Fred Perry, Banana Republic, Gap, Zara, Agness B 등. 최근 한국에도 많은 브랜드들이 들어오고 있지만, 어떤 이유에서인지 현지의 제품가격보다 훨씬 비싸게 판매를 한다. 미국이나 일본에서도 국민브랜드인 Gap같은 것들은 한국과 달리 가격도 저렴하고 할인판매도 자주 한다.

추천 쇼핑목록

최근 일본의 쇼핑 문화는 개성과 실용성을 강조하면서도 전국적으로 체인망을 갖춘 저렴한 전문 체인점이 인기이다. 예를 들어 다이소(백엔숍), 나카누키야(디스카운트숍), 마쯔모토 키요시(약국), 돈키호테(할인마트) 등이 있다.

캐릭터상품

세계적으로 인기있는 캐릭터가 많은 만큼 일본의 캐릭터상품의 종류와 양은 타의 추종을 불허한다. 각종 쇼핑몰이나 전문상가, 백화점 등에서 쉽게 접할 수 있다.

특산품 및 공예품

일본 각 지방에서 고유의 특산물을 상품화한 각종 과자류(오카시, 센베)와 생활 도자기 등 종류별로 다양한 아이템이 있어 눈요깃감으로도 즐겁다. 그 외에도 패션 액세서리, 화장품, 스포츠, 레저용품 등도 젊은 층에 인기가 높다.

★주의점★

01 일본에는 하나밖에 없는 물건들이 종종 있어서 우리나라에서 쇼핑할 때처럼 다른 곳에도 있겠지 생각하고 지나치면 후회할 수도 있다.

02 가격흥정을 할 필요가 없다. 가격을 깎아주지도 않지만 매장마다 가격이 거의 동일하기 때문에 좀 더 싼 곳을 찾아보겠다고 돌아다니는 것은 무의미하다.

03 마음에 드는 옷이 있다면 당당하게 입어보자. 일본은 서비스정신이 잘 갖추어져 있어서 입어보는 것을 꺼려하는 곳이 없다.

04 매년 2월과 7월쯤에 할인기간이 있는데 일본의 거의 모든 쇼핑몰들이 할인에 들어간다. 30%~70%까지도 할인을 하기 때문에 이 시기에는 훨씬 저렴하게 쇼핑을 할 수 있다. 한국에서는 재고품을 정리하기 위해서 세일을 하는 경우가 많지만, 일본은 어제까지 정가에 팔던 신상품도 이 기간이 되면 바로 반값이다.

05 물건을 구입할 때 언제나 작은 단위의 부가세가 붙기 때문에 동전이 많이 필요하고 또 거스름돈으로 동전을 많이 받게 된다. 동전지갑 하나쯤은 갖고 있는 것이 좋다. 나중에 동전은 환전이 안 되니까 모두 다 쓰거나 기념품으로 간직하자.

06 체인점으로 있는 '100엔숍'은 생각보다 건질만한 물건들이 많이 있다. 각 지점마다 취급하는 물품이 조금씩 다르니 시간이 남는다면 여러 곳을 둘러보자.(요즘은 99엔숍이 유행 중이다. ^ ^)

★쓰레기 처리★

일본도 우리나라처럼 쓰레기를 분리해서 버려야 한다. 기숙사로 들어가는 학생들은 기숙사에서 공지를 해주니까 꼭 기억해두자.
- 가연쓰레기/불연쓰레기/조대쓰레기로 분리
- 조대쓰레기 처리는 유료이며 미리 신청
- 지역에 따라 각 쓰레기별 요일/시간/장소가 다르므로 확인 필요

★일본 우체국★

1. 항공우편

소요기간 : 4일

우편 : 엽서 70엔, 항공봉함엽서 90엔, 편지 90~160엔, 소형포장물(80g) 160엔 80g초과시 20g마다 30엔 추가

소포 : 500g이내 1700엔, 500g초과 시 500g마다 350엔 추가

2. 배편

소요기간 : 9일

우편 : 엽서 50엔, 편지 90~2,930엔, 소형포장물 130~1,080엔

소포 : 1kg이내 1,500엔, 1kg 마다 250엔 추가

http://www.post.japanpost.jp

★일본어를 Up↑ 시켜주는 인기 TV프로그램 4★

Hey! Hey! Hey!

1994년에 시작해서 지금까지 10년이 넘게 방송해온 일본 최고의 음악 버라이어티 프로그램이다. '마츠모토 히토시'와 '하마다 마사토시'로 구성된 개그콤비 '다운타운'이 진행하며 보통 새로운 음반을 낸 인기가수들이 게스트로 출연한다. 출연한 가수들을 띄워주기도 하지만 그것보다는 다운타운의 강력한 입담으로 게스트들을 주무르는 것이 너무 재미있다. 프로그램의 오프닝 나레이션만 해도 일본의 가수뿐만 아니라 브리트니 스피어즈, 머라이어 캐리 등 외국의 유명 아티스트들이 담당했었다.

(방송 : 후지테레비. 매주 월요일 저녁 8시~8:54)

http://wwwz.fujitv.co.jp/HEY

3. 병원/약국 이용하기

병원

★ 보험 적용 대상

사고나 질병으로 인한 치료비는 보험혜택을 받을 수 있다. 그러나 건강검진을 목적으로 한 경우나 미용성형, 치아교정, 충치검사, 입원, 보통실 이외의 병상 사용료 등의 경우에는 대상에서 제외된다.

★ 진찰카드

초진인 경우 병원에서 진찰카드를 만들어 준다. 이것은 개인의 기록을 남기기 위한 것이므로 그 병원에 갈 경우에는 반드시 지참하도록 하자.

★ 입원수속

일본에서 병원에 입원하기 위해서는 입원에 관한 일체의 책임을 부담할 수 있는 보증인이 필요하다. 또한 병원에 따라서는 입원 시 일정액의 입원보증금을 요구하는 곳도 있는데 퇴원할 때에 돌려받을 수 있다.(보증금 영수증을 잘 보관해 둘 것)

약국

일본의 약국은 우리나라와 달리 약뿐만 아니라 화장용품과 세면용품 등도 함께 취급한다. 동네를 거닐다 보면 할인하는 제품(화장용품, 세면용품 등)을 가게 앞에 진열해놓고 판매하는 큰 약국을 쉽게 볼 수 있다. 의사의 처방 없이 함부로 약을 판매하지 않으며 의약분업이 시행되면서 약의 용도를 명시하기 위해 약을 낱알로는 팔지 않고 포장단위로만 판매한다.

★ 의사의 처방전이 없으면 약국에서 살 수 없는 약
항궤양제(타가메트, 잔탁, 시메티닌 등), 간장기능회복제(프로헤파롬 등), 고혈압치료제, 혈당강하제(당뇨병약), 수면제, 정신안정제

★ 의사의 처방전이 없어도 약국에서 살 수 있는 약
위장약, 소화제, 지사제, 변비약, 구토를 억제하는 약, 관장약, 좌약, 해열진통제, 진해거담제, 종합감기약, 연고(가려움을 없애는 항히스타민제), 파스, 물파스, 소독약, 안약, 드링크제, 영양제

4. 미용실 이용하기

> ★커트 4,000~5,000엔
> ★염색 5,000~6,000엔
> ★파마 10,000~15,000엔
> *편의점이나 서점 등에 비치되어 있는 Hot Pepper 같은 무료 쿠폰 잡지를 이용하면 엄청난 종류의 미용실 쿠폰을 얻을 수 있다.

일본도 한국과 마찬가지로 미용실과 이발소가 따로 있다. 미용실에 가면 우선 카운터에서 커트를 할 것인지 파마를 할 것인지 또 샴푸를 할 것인지도 묻는데 샴푸를 하는 경우 비용을 추가로 내야 한다.

머리손질부터 드라이까지 미용사가 일본어를 쓴다는 것 외에는 한국과 거의 똑같다. 차이 나는 점이 있다면 미용실 자체가 아니라 한국과 일본의 머리스타일이기 때문에 일본미용사가 내가 원하는 머리모양을 제대로 이해할 수 있도록 일본어로 잘 설명하는 것이다. 나중에 머리모양이 마음에 안 드는 경우 머리를 한지 1주일 이내라면 커트든 파마든 다시 해주는 것이 일반적이다.

참고로 일본에서 성년의 날에 보통 기모노를 입고 머리도 세팅을 하는데, 그 모든 준비 즉, 머리를 하고 기모노를 입혀주고 화장까지 모두 미용실에서 이루어진다. 일본의 기모노는 혼자 입기가 어렵고 또 입는 법을 모르는 사람이 대부분이기 때문이다.

5. 일본 구립시설 이용하기

보란티아(volunteer)

일본에 도착하면 가장 먼저 해야 할 일 중의 하나가 외국인등록증을 만드는 것이라고 했다. 이 때 관할지역의 구야쿠쇼(구청)나 시야쿠쇼(시청)를 처음 방문하게 되는데 이곳에는 무료 일본어수업이나 보란티아(volunteer) 등 여러 가지 유용한 정보들이 많다. 게시판만 훑어봐도 현재 진행 중인 많은 프로그램들이 붙어 있고 잘 모르겠으면 그 곳 직원에게 직접 물어봐도 된다. 그리고 구야쿠쇼나 시야쿠쇼 외에도 각 지역마다 구립도서관이나 스포츠센터들이 있는데 이 곳에 가면 여러 서비스를 무료나 저렴하게 이용할 수 있다.

★일본 전국 공공도서관 링크
http://www.jla.or.jp/link/public.html

★도쿄 내 공공도서관 도서 통합검색
http://metro.tokyo.opac.jp

도서관 이용

1. 국립 도서관(전화 : 03-3581-2331)
- 위치 : 치요다구 나가타쵸 1-10-1(마루노우치선 국회의사당역 도보 10분)
- 특징 : 일본 최대 장서 보유. 대출은 불가능하고 복사는 가능.

2. 한국 문화원 도서관(전화 : 03-3988-9271)
- 위치 : 도시마쿠 히가시이케부쿠로 3-1-1 선샤인빌딩 60. 5층
- 특징 : 한국 도서 1만 여권 소장. 토/일요일 및 한/일의 공휴일은 휴관.

3. 구립/시립도서관
도쿄 23구와 각 시마다 도서관이 있는데 모두 개가식이고 도서대출도 가능하다.

치바시 도서관

스포츠센터 이용

1. 신주쿠 스포츠센터 : 신주쿠구
오오쿠보 3-5-1(다카다노바바역 8분)

이용기간	오전 9시~오후 9시(매월 4번째 월요일 휴관)
수영장 이용요금(1인 2시간)	어른 400엔 / 중학생 이하 100엔
트레이닝실 이용요금(1인 3시간)	400엔(중학생 이하 사용불가)

2. 타이토 리버사이드 스포츠센터 : 사이토쿠 이마토 1-1-10(아사쿠사역 12분)

이용시간 (매월 1번째 월요일은 6시까지)	오전 : 9:00~12:00
	오후1 : 12:30~3:00
	오후2 : 3:30~6:00
	야간 : 6:30~10:00
이용요금(시간대별)	어른 250엔 / 만14세 이하 100엔

각 구별 홈페이지

NO	지역명	사이트 주소
01	신주쿠구	http://www.city.shinjuku.tokyo.jp
02	시부야구	http://www.city.shibuya.tokyo.jp
03	도시마구	http://www.city.toshima.tokyo.jp
04	미나토구	http://www.city.minato.tokyo.jp
05	나카노구	http://www.city.tokyo nakano.lg.jp
06	기타구	http://www.city.kita.tokyo.jp
07	다이토구	http://www.city.taito.tokyo.jp

오사카시 구약쇼링크
http://www.groping.info/citysearch/html/06_01.html
나고야시약쇼
http://www.city.nagoya.jp

6. 일본의 대중교통

전철

- **요금** : 기본 130엔, 15분 정도 거리면 약 200엔, 40분 정도 거리면 약 350엔.
- 다른 회사 지하철로 갈아탈 경우 기본요금부터 다시 내야 하며 회사별로 요금이 다르다.
- 표는 구입한 역 이외의 역에서는 사용이 불가능하며 유효기간은 하루.
- 표에 표시된 요금만큼 이동할 수 있어 초과되면 정산기를 이용한다.

1. 승차권 구입 장소

전철 승차권은 각 역의 개찰구 가까이에 있는 자동발매기에서 구입할 수 있다. 편도가 1,620엔을 넘는 장거리이동이나 지정좌석, 특급승차권 등의 고액권은 '미도리노마도구치'나 '뷰프라자'에서 구입한다. '미도리노마도구치'와 '뷰프라자'에서는 JR선 승차권 외에도 국내선 항공권이나 선박, 장거리버스, 미술관 등의 티켓도 취급하고 있으며 신용카드로도 결제할 수 있다.

2. 승차권 구입방법

*승차권 자동발매기를 이용하는 경우

터치판넬식 자동발매기는 일본어 외에 영어도 지원된다. 대부분의 자동발매기는 10엔 이상의 주화와 1,000엔짜리 지폐만 이용할 수 있으나 5,000엔이나 10,000엔짜리 지폐를 사용할 수 있는 발매기도 일부 설치되어 있으므로 사전에 돈을 바꿀 필요는 없다.

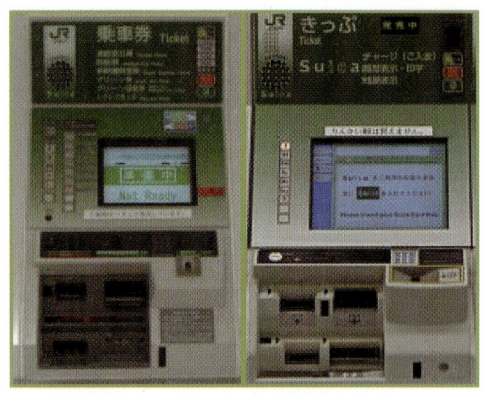

① 자동발매기는 개찰구 맞은편이나 옆에 설치되어 있다. 우선 목적지까지의 요금을 자동발매기 위의 벽에 표시된 요금표 또는 노선도에서 확인하자.

② 자동발매기에 소정의 요금을 넣고 해당 버튼 또는 판넬을 누른다. 터치판넬식 자동발매기의 경우 행선지까지의 요금판넬을 누르고 그다음에 요금을 투입하는 것도 가능하다.(터치판넬식 자동발매기는 동전을 6개까지 동시에 투입할 수 있고, 지폐는 한 장씩 투입해야 된다. 구김이 있는 지폐는 기계가 인식하지 못하는 경우도 있으므로 주의할 것)

* '미도리노마도구치' 또는 '뷰프라자'에서 구입하는 경우

신칸센이나 장거리버스 등은 비어있는 카운터에 가면 담당자가 처리해주지만 일부 침대열차나 특급승차권, 지정좌석권 등에 대해서는 사전에 소정의 용지를 작성해야 한다. 구입방법을 모를 경우에는 카운터의 담당자에게 목적지 및 이동경로 등을 말하고 구입방법을 문의하자.

3. 개찰구 통과방법

① 현재 일본 대부분의 역에서는 자동개찰기를 사용한다. 승차권의 뒷면이 검거나 갈색 자기면이 있는 승차권은 자신이 통과하고 싶은 개찰구 오른쪽에 있는 개찰기의 승차권 삽입구에 넣는다. 개찰구를 통과하면 개찰기의 반대측 구멍으로 승차권이 나오므로 그대로 뽑으면 된다. 승차권은 개찰구를 나올 때에도 필요하므로 접거나 더럽히지 말고 잘 보관하자.

② 목적지에 도착하여 역을 나갈 때 승차권은 자동으로 개찰기에 회수된다. 구입한 승차권으로 이용 가능한 승차구간을 지나쳤을 경우 승차권을 개찰기에 통과시키면 경보가 울리고 통과할 수 없게 된다. 이 경우는 다시 나온 승차권을 받아 개찰구 옆에 있는 정산기에서 부족한 금액을 지불하여 나온 정산권을 개찰기에 통과시켜 나가거나, 개찰구 옆에 있는 유인 개찰구에서 부족 금액을 지불하고 통과하면 된다.

정기권 및 충전식 카드

1. 정기권

출발지점과 도착지점 사이의 구간은 횟수와 구간 상관없이 이용 가능하고 지점 초과시에는 초과금액을 납입하면 된다. 1/3/6개월 3가지 유효기간의 티켓이 있고 다음과 같이 2가지 종류로 나누어진다.

- **통근/통학 정기권** : 주로 이동하는 경로를 지정해서 특정 구간을 반복해서 승차
- **전구간 정기권** : 유효기간 내에 구입자 또는 지참인이 전구간을 무제한 이용가능

★**구입장소**
역에서 영어로 「Ticket Office」, 일어로 「みどりの窓口(まどぐち)」

★**구입방법**
용지에 기입(카타카나 이름, 주소, 생년월일, 출발역과 도착역, Suica카드 사용여부)

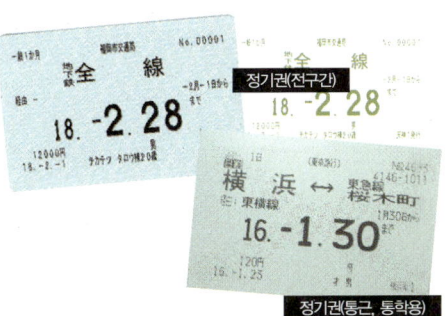

정기권(전구간용)

정기권(통근, 통학용)

2. Suica카드

우리나라의 교통카드와 비슷한 충전식 IC카드이다. 우리나라처럼 지갑에서 꺼낼 필요 없이 개찰구를 통과할 때 원터치로 운임이 정산된다. 수도권 내의 JR 및 타 철도, 지하철, 버스에서 이용할 수 있다. 지방은 센다이, 니가타, 킨키지역에서 쓸 수 있다. 또 전자머니로서 Suica마크가 있는 나리타공항의 각 시설, JR 동일본 역의 매점, 자동판매기 등에서도 지불수단으로 사용할 수 있다. 충전할 때 신용카드로는 결제가 안 되고 현금으로만 가능하다.

3. PASMO카드

Suica카드와 비슷한 IC카드로 2007년 3월에 발매됐다. 철도와 버스의 승차권으로서 이용할 수 있고 가맹점에서는 전자머니로서도 사용이 가능하다. Suica카드처럼 지갑에서 꺼내지 않고 개찰기에 터치만 하면 된다. 정기권의 초과승차 운임도 정산기에서 정산할 필요 없이 자동으로 정산되고 분실하더라도 무기명카드가 아니면 재발행이 가능하다.

• 종류 : 기명PASMO, 무기명PASMO, PASMO정기권

택시

기본요금은 2km까지 660엔이고 이후 274m마다 80엔씩 가산이 된다. 밤 11시부터 다음날 새벽 5시까지의 심야시간대에는 30%의 할증요금이 부가된다. 왼쪽 뒷자석 도어는 자동이어서 직접 열고, 닫을 필요가 없다.

버스

버스는 앞에서 승차하는 것과 뒤에서 승차하는 것 2종류가 있다. 도쿄 23구 내를 운행하는 대부분의 버스는 종점까지 동일 요금으로 이용할 수 있다. 이런 버스를 '마에노리(앞문승차)' 라고 하는데 우리나라처럼 앞문으로 타서 요금함에 요금을 넣으면 된다. 이와 달리 23구 밖을 운행하는 버스 '아토노리(뒷문승차)' 는 차 양 뒤쪽의 승강구에서 정리권을 받아서 승차하고 내릴 때는 앞쪽에 설치되어 있는 전광게시판의 번호와 정리권의 번호를 조회하여 요금을 지불하고 내려야 한다.

마에노리 버스는 앞쪽에 환전기가 있어서 동전이 없는 경우 잔돈으로 바꿀 수 있다. 아토노리 버스는 내릴 때 요금과 승차할 때 받은 정리권을 함께 요금함에 넣으면 된다. 일반버스의 성인요금은 200엔, 어린이는 100엔이다.

- 도쿄도 교통국 http://www.kotsu.metro.tokyo.jp
- 도쿄메트로 http://www.tokyometro.jp
- 동일본 여객철도주식회사(JR East) http://www.jreast.co.jp
- 오사카시 교통국 http://www.kotsu.city.osaka.jp
- 나고야시 교통국 http://www.kotsu.city.nagoya.jp
- 삿포로시 교통국 http://www.city.sapporo.jp/st
- 후쿠오카시 교통국 http://subway.city.fukuoka.jp

지역별 대중교통 안내 홈페이지

★ 도쿄의 다양한 할인패스

JR 토구나이 패스

1일 동안 도쿄도 23개 구내지역의 JR전철을 무제한 이용할 수 있는 티켓으로 하루종일 JR과 연계된 지역을 구경할 때 쓸모있는 패스다. 패스의 구입은 자동발매기를 통해서 구입할 수 있다. 비용 730엔.

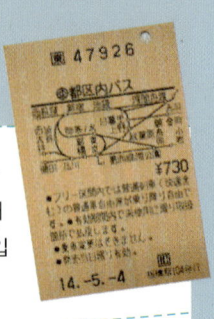

도쿄메트로 1일 승차권

1일 동안 도쿄메트로에 소속된 8개 노선의 지하철을 무제한 이용할 수 있는 티켓으로 하루종일 도쿄메트로와 연계된 지역을 구경할 때 유용한 패스다. 패스의 구입은 자동발매기를 통해서 구입할 수 있다. 비용 710엔.

※ 사용가능 노선 : 긴자센, 마루노우치센, 히비야센, 도자이센, 치요다센, 유라쿠쵸센, 한조몬센, 난보쿠센

토에이 1일 승차권

1일 동안 토에이에 소속된 지하철과 버스, 전차 등을 무제한 이용할 수 있는 티켓이다. 심야버스를 이용하는 경우는 차액 200엔이 필요하다. 비용 700엔.

※ 이용가능 노선 : 오에도센, 아사쿠사센, 미타센, 신쥬쿠센, 도덴아라카와센, 토에이버스

토에이 도쿄메트로 공통 1일 승차권

1일 동안 도쿄도 경영 지하철과 도쿄메트로를 모두 무제한 이용할 수 있는 티켓이다. 버스와 도시전차는 이용할 수 없다. 비용 1,000엔.

도쿄 프리킷푸

1일 동안 도쿄 23개 구 안의 JR과, 도쿄메트로, 토에이 지하철, 버스, 도시전차를 무제한 이용할 수 있는 티켓이다. 심야버스를 이용하는 경우는 차액 200엔이 필요하다. 비용 1,580엔.

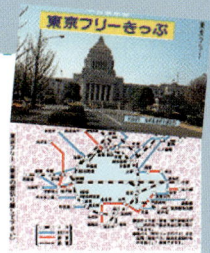

버스 공통카드

도버스, 도시전차를 이용하는 카드로 도쿄도, 카나가와현, 치바현, 사이타마현 내의 공통카드 취급차의 표시가 있는 차를 이용할 수 있다. 비용 1,000엔, 3,000엔, 5,000엔.

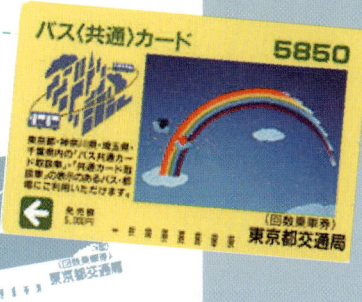

도버스 1일 승차권

도쿄 23구 내의 수도 버스를 하루 동안 무제한으로 승차할 수 있는 티켓이다. 심야버스를 이용하는 경우에는 차액 200엔이 필요하다. 비용 500엔.

도시전차 1일 승차권

도시전차 아라카와선을 하루 동안 무제한으로 승차할 수 있는 티켓이다. 비용 400엔.

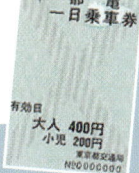

7. 자동차 렌트와 구입

일본에서 렌터카로 여행하려면 국제운전면허증이 있어야 하고 일본자동차국에 신고를 해야 한다. 간혹 렌터카 회사에서 신용카드를 요구하는 경우도 있다. 일본의 렌터카는 세계 어느 도시와 비교해도 가장 비싼 편에 속하는데 우리와 마찬가지로 차종과 시간에 따라 비용이 달라진다. 6-12-24시간 단위로 렌트할 수 있으며 하루 이상을 빌리면 차종에 따라 약 1/3~2/5까지 할인이 된다. 일본의 렌터카는 렌트비용에 보험료가 포함되어 있어 렌터카 운전시 사고보험혜택을 받을 수 있다.

차를 사용한 후에는 렌트한 지점이 아닌 다른 곳에서 반환할 수도 있는데, 이 경우에는 적지 않은 차량회수비용을 부담해야 한다. 게다가 일본의 대표적인 휴가기간인 오봉에는 렌트비가 많이 올라간다.

일본에서 꼭 운전을 할 사람은 일본자동차연맹의 회원권을 취득하는 것도 좋다. 일본자동차연맹은 사고 시 외국인들이 연락할 수 있는 긴급번호를 수록한 책자를 발행하고 해외의 유사 조직들과도 연계되어 있다.

★ **일본자동차연맹**
전국에 일본자동차연맹 사무소가 있다. 위치와 연락처는 아래의 홈페이지에서 확인하자.
http://www.jaf.or.jp

일본의 렌터카 이용료

구 분	1일 대여료
초소형(1,000~1,300cc)	8,000~9,000엔
소형(1,500~1,800cc)	10,000~18,000엔
중형(2,000cc)	16,000~27,000엔
표준형(3,000cc)	25,000~35,000엔

렌터카 빌리기

こがたじょうようしゃ　か
小型乗用車を貸してもらいたいんですが。
소형 승용차를 빌리고 싶은데요.

か
オートマチシクを借りたいんですが。
오토매틱 차량을 빌리고 싶은데요.

きゃく　　めんきょしょう　み
お客さまの免許証を見せてください。
손님 면허증을 보여주세요.

なんにちかん　　の
何日間、お乗りになりますか。
며칠 동안이나 타실 겁니까?

중고차

우선 차량을 구입하려면 외국인의 경우 국제운전면허증 또는 일본의 운전면허증이 필요하다. 한국의 운전면허증을 일본의 운전면허시험장에서 일본 운전면허증으로 전환하여 발급받을 수도 있다. 단, 한국에서 면허증을 받은 지 얼마 안 된 사람은 불가능하다. 한국면허증의 일본면허증 전환발급에 대해서는 일본의 가까운 면허시험장에 문의하자.

중고차 구입방법

1. 중고차대리점에서 자동차 계약
2. 주차장 계약

3. 차고증명 수령
4. 차고증명이 끝나면 자동차를 등록하고 번호판 받기
   (직접 계약하는 것도 가능하고 딜러에게 의뢰할 경우는 10,000~15,000엔의 수수료가 든다. 기간은 4~5일 소요)

일본에서 6개월 이상 체류에 3개월 이상 차량을 소유한 경우 이사화물로 분류되어 배기가스인증을 면제받고 한국에 가지고 들어올 수 있다. 관세율은 연식에 따라 차등 적용되고 10년이 경과된 차량은 잔존가치 제로로 보고 세율이 제로가 된다. 관세 기준가는 차량구입가나 인보이스 기재가격과 관계없이 블루북이라는 차량형식 및 가격에 대한 데이터북을 기준으로 한다.

★한국에 가지고 들어오는 방법★

1. 차량 운송업체 선정
2. 운송업체에서 인보이스 받으면 입항/하역일 확인, 통관일 기준으로 자동차보험 가입
3. 선적된 해운회사에서 관련 수수료, 서류 등을 처리하고 세관에 가서 통관, 관세를 내고 나면 임시번호판 교부
4. 자동차검사장에 이동하여 차량검사 및 차대번호를 새로 받음
5. 거주지 구청에서 차량 등록

★일본어를 Up↑ 시켜주는 인기 TV프로그램 5★

신 도모토 쿄다이 (新堂本兄弟)

Kinki Kids가 진행하는 음악 버라이어티 프로그램이다. 2001년 '도모토 쿄다이'로 시작했다가 2004년 10월부터 '신 도모토 쿄다이'로 개편되었다. 킨키키즈는 '도모토 츠요시'와 '도모토 코이치'로 구성된 가수로 성은 같지만 실제 형제는 아니다. 메인 코너는 '도모토 일문일답'으로 인기연예인들이 게스트로 출연하면 게스트의 취향이나 소문 등에 대해서 질문하고 그 답변에 대해 재미있는 대화를 나눈다. 토크에는 킨키키즈뿐만 아니라 에나리 카즈키, 후카다 쿄코, 선민 등으로 구성된 도모토브라더즈밴드까지 함께 참여한다.
(방송 : 후지테레비. 매주 일요일 밤 11:15~11:45)
http://wwwz.fujitv.co.jp/DOMOTO

일본 현지 워킹홀리데이 지원 기관

사단법인 일본 워킹홀리데이 협회

워킹홀리데이 제도를 지원, 촉진하고 있는 공익법인으로서 워킹홀리데이 사증으로 일본에 오는 외국인 청년들에 대한 정보 제공 등 다양한 서비스를 시행하고 있다. 이곳은 모두 등록제로 운영되고 있어서 서비스를 이용하기 위해서는 우선 협회에 등록해야 한다.
http://www.jawhm.or.jp

★ 일본을 방문하는 외국인을 위한 서비스
(외국인 회원 등록비 – 1,000엔)

★ 정보 제공
- 일본 생활정보, 고용환경 안내
- 주거 알선, 홈스테이 소개
- 일본 여행 안내

★ 직업 소개
- 일본에서의 고용제도, 노동법, 소득세 등의 안내
- 구직 희망자와 상담
- 무료 직업 소개, 취직 알선

★ 도쿄본부
東京都中野区中野 4-1-1
도쿄도 나카노쿠 나카노 4-1-1 (썬프라자 7층)
TEL 03-3389-0181　　FAX 03-3389-1563

★ 오사카지부
大阪府大阪市中央区北浜東 3-14
오사카후 오사카시 추오쿠 기타하마 히가시 3-14 (엘오사카 4층)
TEL 06-6946-7010　　FAX 06-6946-7021

★ 규슈지부
福岡市中央区天神 5-4-12
후쿠오카시 추오쿠 텐진 5-4-12 (지방자치센터 빌딩 6층)
TEL 092-713-0854　　FAX 092-713-0863

일본 즐기기

1. 일본의 패스트푸드점

요즘은 외국 브랜드를 좋아하는 일본 젊은이들 사이에서도 토종 브랜드가 더 잘나가는 분야가 있으니 그게 바로 음식점이다. 최근 패스트푸드가 미움을 많이 받고 있지만 다음에 소개할 곳들은 가격뿐만 아니라 좋은 재료를 사용함으로써 외국의 대형 브랜드들을 물리쳤다.

Mos Burger(モスバーガー)

일본에서 태어난 모스버거가 막그(맥도널드)를 위협한다. 패스트푸드는 트랜스지방이 많다며 따가운 시선을 받고 있지만, 모스버거는 친환경 유기농 재료를 가지고 즉석에서 조리한다는 마케팅으로 꾸준한 사랑을 받고 있다. 가격은 300엔대로 한국의 터무니없이 비싼 K버거와 비교하면 반값밖에 안 된다. 재료뿐만 아니라 맛도 있다.
http://www.mos.co.jp

First Kitchen(ファーストキッチン)

모스버거와 함께 일본을 대표하는 토종 햄버거 브랜드로 날이 갈수록 매장이 늘고 있다. 가격은 모스버거와 비슷한데 독창적이고 차별화된 재료들을 많이 사용해서 사진만 봐도 군침이 돈다. 햄버거뿐만이 아니라 이름과 어울리게 파스타와 피자 등 메뉴가 다양하다. http://www.first-kitchen.co.jp

はなまる うどん(하나마루 우동)

메뉴판을 보면 가장 싼 우동이 100엔대로 얼핏 보면 맛 없어 보이지만 먹어보면 쫄깃한 면발에 시원한 국물 맛 이 특징. 하나마루 우동이 성공한 것은 일본 전통우동 을 저렴한 패스트푸드화하면서도 맛을 잃지 않았다는 것이다. 100엔짜리 우동을 맛보고 우리나라 분식집 라 면과 비교해보는 것도 재미있겠다.

http://www.hanamaruudon.com

築地銀だこ Gindaco(츠키지 긴다코)

보통 타꼬야끼라고 하면 야타이(노점)에서 아무나 쉽게 만들어 파 는 거라고 생각하기 쉽지만 이것을 전문화, 브랜드화 한 것이 츠 키지 긴다코의 차별화이다. 8개씩 담겨있고 하나에 500엔대이 다. 일본은 간식은 싸야 되고 밥은 비싸야 된다는 원칙 같은 건 따로 없는 듯 하다. 타꼬(문어)가 이빠이(듬뿍) 들어간 제대로 된 타 꼬야끼 한번 먹어보자.

http://www.gindaco.com

Mister Donut(ミスタードーナツ)

미스터도넛은 현재 일본에서 유일한 도넛전 문의 대형체인점으로 줄여서 '미스도' 라고도 불린다. 원래 미국의 브랜드지만 이제 미국에 는 없는 브랜드이기도 하다. 1950년 미국에서 던킨도넛이 생기고 6년 후 창업자의 처남이 미스터도넛을 만듦으로써 둘은 라이벌 관계 가 되었다. 하지만 1990년 결국 미스터도넛은 원조였던 던킨도넛에 매수되고 미국에서 미 스터도넛이라는 이름이 사라졌다.

http://www.misterdonut.jp

2. 라면보다 싼 덮밥 전문점

흔히 많은 사람들이 일본은 물가가 비싸다고 믿고 있지만 사실 대중교통비만 빼고 대부분 서울의 물가보다도 훨씬 저렴하다는 사실. 도쿄의 번화가 한복판에서도 300~400엔만 가지고 있으면 빵이나 면이 아니라 동양사람이 좋아하는 밥으로 맛있게 한끼를 해결할 수 있다.

松屋(마츠야)

요시노야와 함께 가장 유명하고 많은 매장을 가진 규동 전문점이다. 규동은 한마디로 소고기덮밥인데 우리나라의 비싼 소고기 값을 생각해보면 300엔대의 규동은 정말 고맙지 않을 수 없다. 규동과 함께 저렴한 카레라이스도 사랑받는 주 메뉴이다. 마츠야가 인기 있는 가장 큰 이유는 싼 가격에 맛도 있고 대부분의 메뉴가 미소시루(된장국)포함이라는 것.

http://www.matsuyafoods.co.jp

吉野家(Yoshinoya)

일본뿐만 아니라 외국에서도 규동이라고 하면 요시노야를 제일 먼저 떠올릴 만큼 가장 많이 알려진 규동 전문점이다. 광우병 파동 이후 주 메뉴가 부타동(돼지고기덮밥)과 규야끼니끄동(소불고기덮밥)으로 바뀌었다. 한 가지 아쉬운 점이 있다면 미소시루는 별도로 주문하던지 물과 함께 먹어야 한다는 것.

http://www.yoshinoya.com

すき家(스키야)

밥 위에 소고기를 얹은 규동만 파는 게 아니라 그 위에 파, 김치, 치즈 등을 추가한 다양한 메뉴가 있다. 그 외에도 우나동(장어구이덮밥), 마구로타타끼동(참치회덮밥) 등 다른 규동집에서는 보기 어려운 특이한 메뉴들이 많다. 보통 규동은 300엔대지만 역시 장어나 참치회를 얹은 덮밥은 500엔대 이상.
http://www.zensho.com

天丼 てんや(텐동 텡야)

'텐동'의 '텐'은 '텐뿌라(튀김)'의 '텐'이다. 그래서 '텐동'은 튀김덮밥을 뜻하니까 엄밀히 말하면 가게이름은 '텡야'인 셈이다. 우동과 함께 세트로 된 메뉴도 있고 '벤토'라고 가져갈 수 있도록 도시락포장도 해준다. 가격은 단일품목이 500엔대로 규동보다는 비싸지만 오리지널 일본의 텐뿌라를 한번 맛보는 것도 괜찮겠지. http://www.tenya.co.jp

かつや

카츠야는 '아크랜드 서비스 주식회사'에서 운영하는 돈까스 전문점으로, 회사의 모토가 '돈까스의 요시노야를 목표로 한다'이다. 요시노야를 아는 사람은 이 말만 들어도 '카츠야'가 어떤 가게인지 바로 감이 올 것이다. 1998년 카나가와현 사가미하라시에 제1호점을 시작으로 현재 전국 각지에 매장이 있다. 카츠돈(돈까스덮밥)이 514엔, 로스까스 정식이 714엔이다. 이외에도 소스카츠돈, 히레까스 정식 등 돈까스를 이용한 다양한 메뉴들이 준비되어 있다. 일본에도 비싼 돈까스 가게들이 많지만, 카츠야처럼 저렴한 곳에서도 일본의 정통 돈까스를 즐길 수 있다.
http://www.arclandservice.co.jp/katsuya

3. 저렴하고 맛있는 패밀리 레스토랑

일본에서는 Family Restaurant을 줄여서 화미레스(Fami Res)라고 부른다. 한국에서 패밀리 레스토랑이라고 하면 주로 외식을 하기 위해 한번씩 찾는 살짝 부담을 주는 양식집이다. 하지만 일본의 화미레스는 식사도 하고 차도 마시는 미국의 흔한 식당처럼 좀 가벼운 분위기다. 고등학생들이 방과후 교복을 입은 채로 몰려와서 수다를 떨며 음식을 먹기도 한다. 대부분의 메뉴들이 일본에서 한 시간만 아르바이트를 하면 사먹을 수 있는 1,000엔 미만이라 고등학생, 대학생 나이대의 손님들이 많다.

메뉴는 양식만 있는 것이 아니라 와쇼쿠(일본음식)나 동양사람들의 입맛에 맞춘 퓨전요리도 있다. 24시간 영업하는 매장이 많고 대부분 음료수는 한번 주문하면 무한리필이다. 손님으로 와도 좋지만 화미레스에서 아르바이트를 한다면 맛나는 음식도 실컷 먹고 일본친구도 많이 사귈 수 있지 않을까?

Denny's デニーズ

데니즈는 원래 미국에서 가장 큰 패밀리 레스토랑 체인점인데 일본에서도 대표적인 화미레스가 되었다. 한국에는 왜 아직 안 들어왔는지 모르겠지만 일본에는 약 600개 정도의 체인점이 있다. 스테이크, 파스타, 일식, 중식 등 메뉴가 많아서 가격의 폭도 넓다. 주 식사메뉴의 가격대는 600~900엔 정도로 비싼 것은 1,500엔이 넘는 것도 있다.

http://www.dennys.co.jp

Saizeriya　サイゼリヤ

전국에 점포가 755개로 일본에 가장 체인점이 많은 화미레스이다. 이태리요리를 중심으로 일반 화미레스의 메뉴들은 모두 갖추고 있다. 일본의 화미레스가 원래 가격이 싼 편이지만 '사이제리야'는 그 중에서도 특히 저렴하면서 맛있는 집으로 유명하다. 밀라노풍 도리아가 300엔, 기본 함박스테이크가 400엔밖에 하지 않는다. 주 메뉴의 가격대가 400~700엔.

http://www.saizeriya.co.jp

Jonathan's　ジョナサン

Jonathan이라는 영어 이름의 발음이 일본에서 '조나상'이 되어버렸다. Skylark의 브랜드 중에서 최근에 가장 인기가 있는 화미레스로 전국에 약 400개의 점포가 있다. 함박스테이크 종류가 가장 먹음직스럽고 돈까스도 맛있다. 식사메뉴의 주 가격대는 700~900엔 정도로 굳이 식사가 아니어도 음료 하나 시켜놓고 편안히 책을 읽거나 수다를 떨다가 가도 된다.

http://www.jonathan.co.jp/home/index.asp

Gusto　ガスト

일본에 매장도 많고 많이 찾는 화미레스 중 하나로 스카이락에서 운영한다. 함박스테이크, 일본음식, 그릴요리 등 다양한 메뉴들이 아주 먹음직스럽다. 주 식사메뉴의 가격대는 700~900엔 정도.

http://www.skylark.co.jp/gusto

Skylark すかいらーく

우리나라에도 스카이락이 있었지만 터무니없이 비싸게 팔아먹다가 결국 망해버렸다. 일본의 스카이락은 물론 그렇게 비싸지도 않고 아직도 영업을 잘 하고 있다. 스카이락은 일본에서 화미레스의 한 브랜드이기도 하지만 조나상, 가스토 등 수많은 브랜드를 소유한 대형 그룹이기도 하다. 메뉴와 가격은 가스토와 비슷하다.

http://www.skylark.co.jp/skylark

Coco's ココス

한국에 처음 패밀리 레스토랑이라는 것을 소개한 브랜드 중 하나였지만 이제 우리나라에서는 찾아볼 수가 없다. 일본에는 아직도 많은 매장들이 영업을 잘 하고 있다. 메뉴는 함박스테이크, 스파게티, 그라탕, 피자 등 다양하고 가격대는 주로 700~900엔 정도.

http://menu.cocos-jpn.co.jp

Hard Rock Cafe

화미레스는 아니지만 음악과 함께 요리도 즐기고 술도 마시는 곳이다. 식사 대용으로 할 수 있는 다양한 양식과 버거 종류뿐만 아니라 술안주로 할 요리와 샐러드 종류도 많다. 가게이름에 걸맞게 여러 가지 이벤트도 자주 있고 회사이름을 브랜드로 한 기념품들도 판매한다. 현재 일본에는 각 대도시에 총 8개의 가게가 운영되고 있다. 화미레스와 비교하면 음식값은 좀 비싼 편이다.

http://www.hardrockjapan.com

★ 저렴한 이자카야 ★

일본은 안주 한가지의 가격이 비싸진 않지만 양이 적어서 보통 여러 개를 한번에 주문한다. 술도 한국에서처럼 통일해서 주문하는 경우보다는 각자가 마시고 싶은 것을 각각 주문할 때가 많다. 이런 식으로 마시다 보면 술값이 만만치 않게 나오는데, 노미야(술집)중에서는 체인점으로 된 이자카야가 저렴한 편이다. 이런 이자카야로는 つぼ八(쯔보하찌), 魚民(우오타미), 白木屋(시로키야), 笑笑(와라와라), 村さ來(무라사키), 天狗(텐구) 등이 있다.

4. 일본 클럽 탐방

세계적으로 유명한 DJ Mag이라는 잡지에서 해마다 전세계 DJ순위 'Top 100 DJ Poll'과 Club순위 'Top 50 Clubs Poll' 등을 발표한다. 2007년을 기준으로 일본에는 이 Top 50에 든 클럽이 3곳이나 있다. 클럽순위 상위권을 휩쓸고 있는 곳은 스페인의 섬 Ibiza에 있는 클럽들이다. 아직 한국의 클럽은 순위에 없지만 아쉽게나마 가까운 일본에서라도 세계수준의 클럽을 경험할 수 있다.

일본의 클럽들은 단순히 음악만 틀어주고 춤을 추는 곳이 아니라 세계의 유명 DJ들이 출연을 하고 Costume파티나 비키니 나이트 등 다양한 이벤트들이 펼쳐지는 곳이다. 음주가무를 싫어하는 사람도 있겠지만 Night Life야말로 가장 쉽게 현지인 친구를 만들 수 있는 방법 중 하나이다.

★ **도쿄 시부야**

Womb

2007년 DJ Mag에 전세계 클럽순위 17위로 일본의 클럽 중 가장 상위에 랭크된 곳이다. 전년도에는 7위였다. 프로그레시브 하우스, 일렉트로, 테크노 등을 좋아하는 사람들에게 최고의 클럽이다. 1,000명을 수용하는 거대한 규모로 메인플로어의 높은 천정에 달린 미러볼마저 엄청나다. 4층에는 한숨 돌릴 수 있게 소파가 있는 플로어와 일본식 라운지 등이 있다. 사운드 시스템은 Phazon에 의한 디자인으로 뉴욕의 Twilo클럽과 같은 것을 사용한다.

http://www.womb.co.jp

Harlem

힙합을 좋아한다면 가장 먼저 들러야 할 곳이 Harlem이다. 뉴욕의 파티스타일로 선곡해서 본고장의 클럽분위기를 물씬 풍긴다. 국내외에서 가장 유명한 게스트DJ들이 출연해서 일본의 힙합, R&B 아티스트에 있어서는 시발점이라고도 할 수 있다. Double, Zeebra 등 수많은 아티스트가 Harlem에 출연해서 유명하게 된 걸 보면 아티스트에게 있어서 이 곳은 아주 특별한 의미가 있는 장소이다.
http://www.harlem.co.jp

Shibuya Nuts

입구에 아무 표시도 없기 때문에 처음 오는 사람들은 클럽을 찾기가 쉽지 않다. 클럽 자체는 400명 정도를 수용하는 규모로 아주 큰 편은 아니지만 댄스플로어가 넓고 Bar도 멋지게 꾸며져 있다. 사운드시스템이 좋기로 소문난 클럽 중 하나로 힙합, R&B, 레게를 중심으로 하고 하우스 이벤트도 가끔 있다. 일본의 힙합 업계에서 호평을 받고 있는 클럽이다.
http://www.clubnuts.net

Loop

150명 정도를 수용할 수 있는 도쿄의 대표적인 작은 클럽이다. 규모는 작지만 언더그라운드 하우스클럽으로서 톱으로 평가 받는다. 수준 있는 손님들이 찾는 클럽으로 인식되어 종종 Dimitri from Paris, Basement Jaxx, Little Louie Vega 등의 거물들도 출연하고 있다. 상업적인 하우스뮤직보다 격이 있는 하우스 스타일을 좋아하는 사람이라면 Loop이 딱이다. http://www.club-loop.com

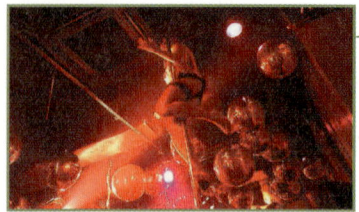

Module

구 Cave클럽이 Club Yellow에 의해 인수되면서 Module로 다시 태어났다. 2개의 플로어로 나누어진 작은 클럽으로 B2F가 메인플로어. 언더그라운드 하우스뮤직을 좋아한다면 Module에 꼭 한번 들러보자.

http://www.clubmodule.com

★ 기타 지역

Yellow(니시아자부)

2007년 DJ Mag에 전세계 클럽순위 33위로 일본의 클럽 중 두 번째로 랭크 된 클럽이다. 전년도에는 16위였다. 전세계의 유명한 하우스DJ들이 일본에서 공연한다면 Yellow에서 하고 싶다고 말한다. 800명 정도를 수용할 수 있는 규모로 인테리어나 조명은 특별하지 않지만 분위기와 사운드는 최고를 자랑한다. 뉴욕의 전설적인 클럽 Paradise Garage와 같은 사운드 시스템을 사용하고 있다. 세계의 유명 DJ들이 즐겨 찾는 클럽으로 하우스를 좋아한다면 일본에서 Yellow를 능가할 클럽은 없다. http://www.club-yellow.com

Ageha(다이칸야마)

2007년 DJ Mag에 전세계 클럽순위 50위로 일본의 클럽 중 세 번째로 랭크된 클럽. 3개의 장소로 나누어져 있고 수용 인원 4,000명으로 일본에서 가장 크다. 쉬어가기에 딱 좋은 Water Bar에는 Pool이 있고, 메인 바인 Island Bar에는 DJ부스가 있다. 힙합과 레게가 중심으로 Danny Tenaglia, Tiesto, Deep Dish 등 전세계의 유명한 DJ가 게스트로 출연하는 클럽이다. 대형 파티를 경험해보고 싶은 사람들은 세계수준의 Ageha에 들러보자.

http://www.ageha.com

Air(다이칸야마)

다이칸야마에 2001년 처음으로 생긴 대형 클럽으로 장르는 하우스, 프로그레시브, 트랜스 등 폭넓다. 언더그라운드 파티에서부터 국내외의 거물 DJ들의 빅 이벤트까지 다양하게 열린다. 사운드시스템도 짱짱하다.

http://www.air-tokyo.com

Unit(다이칸야마)

세련된 쇼핑지역인 다이칸야마가 최근 새로운 음악 발신지가 되었다. 높은 천정 덕분에 지하인 것을 잊어버릴 정도의 구조에서 멋진 일렉트로와 힙합 이벤트가 열린다. 3개의 플로어로 나누어져 있고 플로어마다 각각 다른 분위기를 즐길 수 있다. 최첨단과 언더그라운드를 좋아하는 사람이라면 Unit이 마음에 들 것이다.

http://www.unit-tokyo.com

Gaspanic Club, Club 99(롯폰기)

도쿄에서 외국인에게 가장 유명한 나이트스팟이라고 한다면 Gaspanic일 것이다. 도쿄에 있는 외국인들의 미팅장소이기도 하고 외국인을 만나고 싶어하는 일본 여자애들도 많이 찾는 곳이다. 6시부터 9시30분까지는 모든 음료가 400엔이고 특히 매주 목요일은 Happy Gaspanic Day라고 밤새도록 모든 음료가 400엔이다. 근처에 체인점인 Club 99도 있고 시부야에도 체인점이 있다. Hit 차트에 있는 모든 장르의 음악을 즐길 수 있다.

http://www.gaspanic.co.jp

★ 오사카
北지역

Danceteria Saza#E

2004년에 오픈했고 4개의 아주 큰 플로어와 최상층에는 작은 풀까지 딸린 Flamingo라는 라운지가 있다. 인테리어도 멋지고 VIP룸은 메인플로어를 내려다볼 수 있게 되어 있다. 날에 따라 모든 음악의 믹스로부터 큰 하우스 이벤트까지 다양하다. 오사카의 북부지역에서 가장 큰 클럽이다.

http://www.saza-e.com

Noon

2003년 폐점한 클럽 Dawn이 지금의 Noon으로 다시 문을 열었다. 테크노, 힙합, Rock 등 여러 장르의 수준 높은 이벤트가 정기적으로 개최되며 주말, 평일에 상관없이 매일 다양한 파티가 열리고 있다.

http://www.noon-web.com

★ 오사카
南지역

Grand Cafe

오사카에서 하우스클럽 하면 바로 Grand Cafe이다. 800명을 수용할 수 있는 규모로 해외에서 아티스트가 오면 도쿄에서는 Yellow, 오사카에서는 Grand Cafe에 출연하는 일도 많다. 스페인 Ibiza에 있는 세계 최고의 클럽 Space와 같은 사운드 시스템을 사용하고 있어 최상의 사운드를 즐길 수 있다. 하우스만이 아니고 힙합과 레게에도 강하다.

http://www.grandcafeosaka.com

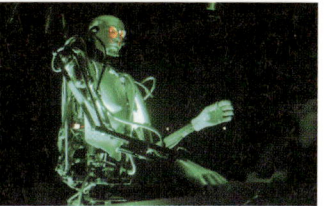

Triangle

이름에서 알 수 있듯이 오사카 아메리카무라(미국마을)의 삼각공원 앞에 위치한다. 3개의 층이 Dance Floor, Chill out Cafe, VIP Lounge로 이루어져 있다. 뛰어난 사운드와 조명시스템에 국내외의 유명한 DJ들이 초빙되어 최고의 이벤트가 열린다.

http://www.triangle-osaka.jp

Clapper

2006년 10월 아메리카무라에 Live House & Club으로 Clapper가 오픈했다. 여러 장르의 다양한 이벤트를 개최한다. 새로운 아티스트의 발굴에 힘을 쓰고 있으며 해외의 유명 DJ들도 자주 출연한다.

http://www.clapper.jp

★ 나고야

Mago

나고야의 본격적인 하우스, 트랜스, 테크노 중심의 클럽이다. 매달 국내외의 톱 DJ들이 초대되어 항상 수준 높은 음악을 제공한다. 연령층이 다양해서 나이가 좀 있는 손님들도 거리낌없이 즐길 수 있다.

http://www.club-mago.co.jp

iD Cafe

5층 건물 전체가 클럽이다. 1층은 Amuse라고 불리는 메인플로어로 사람도 가장 많고 다양한 음악을 골고루 틀어준다. 2층은 술을 마시면서 수다를 떨 수 있는 D Cafe, 3층은 외국클럽 같은 분위기로 힙합과 R&B가 중심이다. 4층은 영국의 하우스뮤직이 중심인 Powder, 5층은 2층과 비슷하게 외국의 Bar같은 분위기의 D*5이다. http://idcafe.info

The emporium

런던 출신의 DJ가 운영하는 클럽으로 영국의 클럽을 재현해서 만들었다. 하우스, 힙합, R&B가 중심으로 연령층은 다양하다. 댄스플로어, 바, 라운지가 세련되게 꾸며져 있다.

http://www.statexs.co.jp

★일본어를 Up↑ 시켜주는 인기 TV프로그램 6★

톤네루즈의 여러분 덕분이었습니다. (とんねるずのみなさんのおかげでした)

이름에서처럼 '이시바시 타카아키'와 '키나시 노리타케'로 구성된 개그콤비 톤네루즈가 진행하는 버라이어티 프로그램이다. 1997년에 시작해서 10년이 넘게 방송해온 인기 프로그램이며 현재의 메인 코너에는 '쿠와즈키라이'가 있다. 매주 2명의 인기연예인이 게스트로 출연해서 각각 타카아키와 노리타케의 팀으로 갈라져서 마주보고 앉는다. 여자 게스트는 주로 타카아키의 옆에 앉힌다. 각 팀 앞에는 여러 음식들이 놓여있는데 그 중에 한가지는 게스트가 정말 싫어하는 음식으로 이 음식을 상대팀에서 맞추는 게임이다. 단순한 게임이지만 역시 톤네루즈의 말재간과 표정이 압권이다. (방송 : 후지테레비. 매주 목요일 밤 9시~9:54)

http://www.fujitv.co.jp/b_hp/minasan

5. 생활에 유용한 가게들

돈키호테(ドン.キホーテ)

일본에서 가장 체인점이 많고 유명한 대형 할인마트라고 할 수 있다. 식료품부터 전자제품, 브랜드 상품 등 다양한 물건들을 취급하며 대부분의 매장들이 심야나 종일 영업을 하고 있어서 밤에도 많은 사람들이 찾는다. 상품들이 산더미처럼 높게 쌓인 미로 같은 구조는 손님들로 하여금 보물찾기 같은 느낌이 들게도 한다.

http://www.donki.com/index.php

 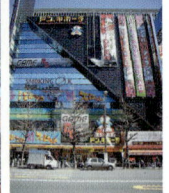

나카누키야(ナカヌキヤ)

생활잡화, 화장품에서부터 전자제품에 이르기까지 다양한 물건들을 판매하는 디스카운트숍이다. 가격은 싸면서 아이디어가 특이한 재미있는 상품들도 많이 있다. 돈키호테 같은 대형 할인마트와 백엔샵의 중간 규모라고 생각하면 되겠다.

http://www.nakanukiya.com

로프트(LOFT)

생활잡화 및 펜시용품을 파는 체인점으로 우리나라에도 얼마 전에 들어온 코즈니(Kosney)와 비슷한 곳이다. 시부야 로프트가 1호점으로 전국에 점포가 있다. 예쁘고 깜찍한 상품들이 많아서 여성손님들이 많이 찾는다.
http://www.loft.co.jp

도큐한즈(TOKYU HANDS)

집과 생활에 필요한 상품들을 판매하는 생활잡화점. '로프트'가 펜시를 중심으로 판매하는 가게라면 도큐한즈는 장난감에서부터 공구에 이르기까지 없는 물건이 없는 만물상 같은 곳이다. 생활에 필요할 상품뿐만 아니라 재미있는 물건들도 많다. 시부야점이 최초로 생겼지만 신주쿠점이 장사가 가장 잘된다고 한다.
http://www.tokyu-hands.co.jp

마츠모토키요시(マツモトキヨシ)

일본 최대의 약국 체인점이다. 약뿐만이 아니라 북미의 약국들처럼 화장품, 생활잡화 등 다양한 생필품도 판매하고 있다. 대부분의 물건들을 할인해서 팔기 때문에 저렴한 가격으로 인기가 많다.
http://www.matsukiyo.co.jp

츠타야(TSUTAYA)

일본 최대의 CD, DVD, 도서를 렌탈 및 판매하는 체인점이다. 한국에는 음악이나 영화를 인터넷에서 다운받는 사람들이 많지만 일본에서는 DVD도 빌려보고 CD도 빌려서 MD에 녹음하거나 mp3파일로 변환해서 듣기 때문에 이곳을 찾는 사람들이 많다. 그리고 렌탈용이나 시간이 조금 지난 CD, DVD 등은 항상 가판대에서 엄청 싼 가격으로 할인판매를 한다.

http://www.tsutaya.co.jp

북오프(Book Off)

일본에 가장 많은 체인점을 가진 초대형 중고서점(리사이클점)이다. 서적 외에 중고 CD, DVD도 많이 판매하고 의류, 스포츠용품, 가구 등 다양한 중고물품을 매입하고 판매한다. 만화책은 지금까지 나온 건 거의 다 있다고 해도 과언이 아닐 정도로 종류가 다양하고 시리즈별로 묶여있는 것들이 많다. 원래 가격의 반값도 안 되는 수준으로 책 상태도 좋다.

http://www.ebookoff.co.jp

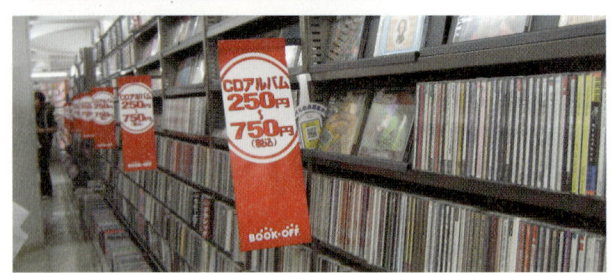

만다라케

만화전문 중고서점으로 만화책과 더불어 애니메이션과 게임의 음악, 영상, 소프트웨어, 장난감, 코스프레 의상 등 관련된 모든 상품들을 취급한다. 나가노에서 처음 시작하여 전국에 11개의 점포가 있는데 도쿄에는 시부야, 이케부쿠로, 아키하바라에 상점이 있다.

http://www.mandarake.co.jp

키노쿠니야 서점(紀伊國屋書店)

전국에 체인을 가진 일본에서 가장 크고 유명한 서점이다. 일본뿐만 아니라 미국, 호주, 아시아의 주요 도시에도 큰 서점을 가지고 있다. 1927년에 오픈한 신주쿠점이 본점이다.

http://www.kinokuniya.co.jp

ranKing ranQueen

ranKing ranQueen은 도쿄 시부야를 중심으로 시작되는 '유행'을 테마로 한 새로운 스타일의 가게이다. 일본 사람들은 '랑킹랑킹'이라고 발음한다. 도큐한즈나 도큐스토어 등 도큐 그룹의 점포가 제작하는 분야별의 매상 랭킹이나, 오리콘 등의 '랭킹조사회사'로부터 제공되는 자료를 기본으로, 유행품이라고 할 수 있는 상위에 랭크된 제품과 앞으로 유행할 것으로 예상되는 주목할만한 상품만을 진열한다. 식음료, 화장품, 등 여성들의 손가방을 채워줄 다양한 잡화들을 판매한다. 2001년도에 시부야에 1호점이 문을 열었고, 도쿄를 중심으로 후쿠오카와 삿포로 등에도 매장이 있다.

http://www.ranking-ranqueen.net

6. 전자제품 할인매장

일본의 전자상가를 얘기할 때 가장 먼저 나오는 것은 아키하바라이다. 아키하바라에는 일반상점과 면세점이 있는데 보통 사람들은 면세점이 더 쌀 거라고 생각하지만 실제로는 일반상점이 더 싸다. 일반상점에는 일본 내수용 제품을 팔고 면세점에는 수출용을 판매하는데 수출용만 보증기간 동안 외국에서도 무료로 AS가 되기 때문이다. 그러니 꼭 외국에서 AS가 필요하다는 사람은 면세점에서 사고 그렇지 않으면 일반상점에서 사는 것이 더 저렴하다. 아키하바라는 용산의 몇 배에 달하는 규모로 전자상가만 해도 셀 수 없을 정도로 많다. 하지만 관광할 목적이거나 집이 가까운 게 아니라면 굳이 번잡한 아키하바라까지 갈 필요가 없다. 아키하바라라고 해서 모든 물건들이 싼 것도 아니고, 똑같은 제품들을 파는 여러 상가를 돌아다녀봤자 다리만 아프고 결정은 점점 더 어려워진다. 그냥 편하게 동네에서 가까운 전자제품 할인매장에 가면 종류도 많고 아키하바라보다 더 싼 제품들도 많다.

요도바시 카메라 (ヨドバシカメラ)

일본의 대표적인 전자제품 할인매장으로 생활가전부터 컴퓨터까지 모든 전자제품을 판매한다. 일본에서 처음으로 플라스틱카드에 의한 포인트 적립을 실시한 곳이기도 하다. 현금결제는 10%, 카드결제는 8%나 적립되고 다음에 바로 사용할 수 있기 때문에 괜히 포인트카드로 생색을 내는 것이 아니다. 포인트는 본사의 컴퓨터에 기록이 되어 카드를 잊어버려도 포인트는 사라지지 않는다. 적립되는 금액까지 생각하면 일본에서 거의 최저가격대이다. http://www.yodobashi.com

빅그 카메라(ビックカメラ)

요도바시 카메라를 열심히 추격하고 있는 또 하나의 대표적인 전자제품 할인매장이다. 이곳도 역시 포인트 적립제도가 있는데 2만엔 이상의 제품을 구매 시에는 희망에 따라 제품가격의 5%에 해당하는 포인트로 제품의 보증기간을 늘리고 1년 동안은 도난과 손상에 대한 종합보험에도 가입할 수 있다. 보증기간은 전자제품의 종류에 따라 3년, 5년, 10년까지 차이가 난다. 물론 일본 국내에서 해당하는 얘기지만 잘 이용하면 오랫동안 안심하고 제품을 사용할 수 있다.
http://www.biccamera.com

사쿠라야(さくらや)

현재는 수도권에만 있는 전자제품 할인매장으로 수도권에서는 규모가 3번째로 꼽힌다. 포인트카드와 제품에 따른 추가할인 등 여러 가지 특전이 있다.
http://www.sakuraya.co.jp

코지마(コジマ)

싼 가격을 첫 번째로 내걸고 광고를 하고 있는 전자제품 할인매장이다. 실제로 싼 물건들이 많은데 최신상품은 다른 회사보다 조금 적은 것 같다. 전자제품의 종류에 따라 서비스나 추가할인 등 여러 가지 특전이 있다.
http://www.kojima.net

7. 패션빌딩(쇼핑몰)

109(이찌마르큐)

109는 시부야를 대표하는 패션빌딩으로 일본 젊은이들 패션의 선두에 서 있다고 할 수 있다. 대부분 10대와 20대 초반 여성을 타깃으로 한 매장들로 2006년에는 6층을 남성매장으로 리뉴얼했다. 109는 백화점도 아니고 동대문 의류상가와도 분명히 구분되는 것이 109 내의 매장들이 자체브랜드를 가지고 있고 이 브랜드들이 유행을 전파시킨다는 것이다. 대표적인 브랜드로는 COCOLULU, me Jane, CECIL McBEE, one*way, LIZ LISA, EGOIST 등이 있다. 시부야 외에 마치다, 코린보, 시즈오카에도 점포가 있다.

http://www.shibuya109.jp

0101마루이 계열(01CITY, 01JAM...)

109같은 패션빌딩으로 신주쿠와 시부야를 중심으로 전국 주요도시에 위치하고 있다. 입점 브랜드로는 TAKEO KIKUCHI, NICOLE CLUB, Paul Smith, roxy, COCOLULU, ALBA ROSA, LIZ LISA, EGOIST, OZOC 등이 있다. 마루이그룹은 다음과 같이 여러 계열의 점포가 있다.

- 마루이시티, 마루이-일반 패션빌딩
- 마루이잼-20대 초중반 여성 타깃
- 마루이영, VAT-10대 타깃
- 마루이맨-남성 패션빌딩

http://www.0101.co.jp

파르코(PARCO)

SEIBU백화점의 계열로 SEIBU백화점이 어른들의 백화점이라면 PARCO는 젊은이들의 백화점이다. 도쿄의 이케부쿠로와 시부야를 중심으로 전국 주요도시에 점포가 있다.

http://www.parco.co.jp

라포레(Laforet Harajuku)

하라주쿠에 위치한 패션빌딩으로 처음에는 파르코에 대항하기 위해 만들어졌다. 현재는 다양한 유행을 재빨리 도입해 그것들을 패션으로 전파함으로써 새로운 패션문화를 창조하는 거점이 되었다. 니가타와 마츠야마에도 점포가 있다.

http://www.laforet.ne.jp

Barneys New York

'바니스 뉴욕'은 미국의 고급 백화점 체인으로 뉴욕 맨해튼에 본점을 시작해서 베벌리힐스, 시카고, 보스턴 등, 각지에 대형 점포를 가지고 있다. 일본에는 1990년 도쿄 신주쿠에 1호점이 개점했고, 이후에 긴자와 요코하마에도 문을 열었다. 한마디로 세련된 젊은 층을 위한 고급 백화점으로 일본에서 뉴욕 스타일을 느낄 수 있는 곳이다. 현재 일본에 있는 바니스 뉴욕은 일본의 스미토모 상사에서 경영을 한다.

http://www.barneys.co.jp

8. 일본 아울렛

Premium Outlets

프리미엄 아울렛은 미국에서 만들어진 아울렛 전문 쇼핑센터로서 전세계 유명 브랜드의 직영점들이 입점해서 운영하는 형식을 취하고 있다. 현재 도쿄 근교에 2점(고텐바, 사노), 오사카 근교에 2점(링크, 고베 산다), 나고야 근교에 1점(토키), 후쿠오카 근교에 1점(토스)이 있고 센다이 지역에도 2008년 가을에 오픈한다.

유명 입점 브랜드로는 Bally, Tag Heuer, Kenzo, Escada, Michel Klein, Diesel, Gap, Etro, Folli Follie, Banana Republic, A.testoni, Ferragamo, Hugo Boss, Paul Smith, Earl Jean 등이 있다. 한국은 여주에 최초로 1호점이 개장을 했다. http://www.premiumoutlets.co.jp

미츠이 아울렛 파크 (三井アウトレットパーク)

미츠이 부동산에서 운영하는 아울렛 체인으로 모든 아울렛들은 테마파크와 함께 있다. 입점해 있는 브랜드로는 Max Mara, Fred Perry, Nice Claup, Michel Klein, Takeo Kikuchi, Billabong, agnes b. 등이 있다.

http://www.mitsui-outlet-park.com

- LA FETE TAMA 미나미 오사와 (도쿄 하치오지)
- 요코하마 베이사이드 마리나 (요코하마 카나자와)
- GARDEN WALK 마쿠하리 (치바 마쿠하리)
- 츠루미 하나 포트 BLOSSOM (오사카 츠루미)
- 마린 피아 고베 PORTO BAZAR (고베 타루미)
- JAZZ DREAM 나가시마 (미에현 나가시마)

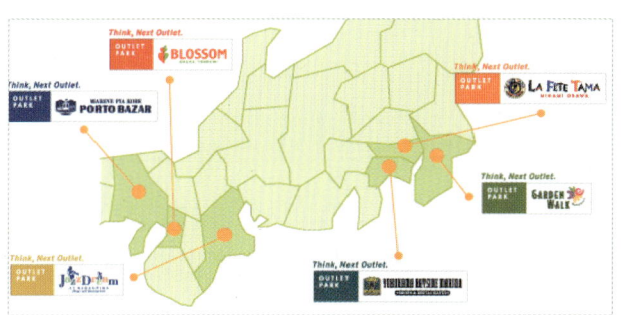

아르바이트 구하기

1. 자격 외 활동허가서 만들기

유학비자는 반드시 자격 외 활동허가서를 받아야 합법적으로 일할 수 있으며, 최근 워킹홀리데이도 자격 외 활동허가서를 요청하는 가게들이 많으니 받아두는 것이 좋다.

★아르바이트를 하려면 꼭 필요하므로 외국인등록증이 나오는 즉시 발급받을 것
★도쿄입국관리국 가는 길: 야마노테센 시나가와역 동쪽 출구에서 순환버스 승차

신청

- 준비물 : 신청서, 여권, 외국인등록증, 학생증
- 절차 : 학교에서 신청서를 발급받은 후 입국관리국에서 오후 4시 이전까지 신청
- 소요기간 : 약 1~2주

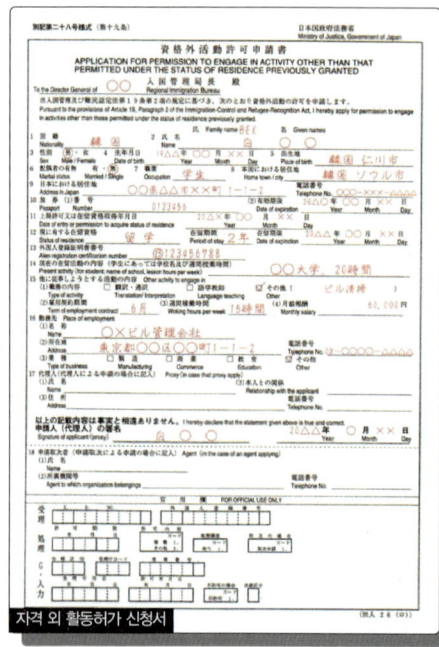

자격 외 활동허가 신청서

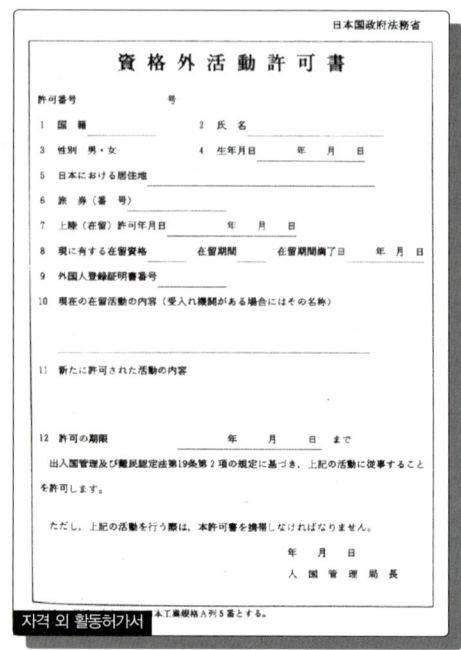

자격 외 활동허가서

2. 아르바이트 구하기

1. **아르바이트 구하기** : 학교 게시판, 무료 아르바이트잡지(DOMO, TOWNWORK, AIDEM 등), 인터넷 홈페이지, 각 가게 앞 구인 광고 등
2. **면접일 잡기** : 전화로 약속을 잡고 5분 일찍 도착하는 것이 예의
3. **아르바이트 허용 시간** : 워킹홀리데이는 제한이 없고 유학비자(어학연수)는 주 20시간, 유학비자(전문과정)는 주 28시간(단기생은 아르바이트 불가)이다.
4. **주의점**
   - 근무일, 근무시간, 임금, 임금지불일, 고용담당자 이름, 전화번호 등 체크
   - 사전 연락 없이 지각하거나 결근하는 것은 절대 금물
   - 근무 중 사고가 발생시, 노동자 재해보상보험법(노재법)에 근거해서 보상을 받을 수 있다. 상사에게 알리고 치료받을 것.
   - 세금은 하는 일과 기간에 따라 다르므로 미리 알아볼 것(10%~20%).
   - 주된 목적인 공부에 지장이 가지 않도록 주의한다.

업 종	시급(엔)	업 종	시급(엔)
편의점	800 ~ 1,000	한국어 교습	1,000 ~ 2,000
신문 배달	900 ~ 1,200	사무보조	800 ~ 1,000
불고기집	800 ~ 1,200	운전배달	900 ~ 1,500
일식 요리집	800 ~ 1,000	통역 가이드	900 ~ 2,000
광고물 배포	800 ~ 1,200	청소	800 ~ 1,000
각종 번역물	900 ~ 2,000	앙케이트 조사	800 ~ 1,200

이력서 쓰는 요령

❶ 날짜
제출일은 제출하기 직전에 쓴다. 지참할 경우엔 면접하는 날의 날짜를 쓰면 된다.

❷ 이름
ふりがな경우에는 히라가나로 기입, フリガナ경우에는 카타카나로 기입

❸ 생년월일
아라비아숫자로 기입. 元號는 틀리지 않게. 연령은 만으로 적을 것(일본에서는 서력이 아니라 연호를 씀),
1989년이 平成(헤이세이) 1년이므로 2008년은 平成20년이다.

❹ 주소
맨션, 아파트에 살고 있는 경우 건물명칭과 호수까지 기입할 것.

❺ 학력
초·중학교에 관해서는 졸업연도만, 고등학교 이후부터는 입학연도와 졸업연도까지 함께 써야 한다. 학부·학과 등의 이수내용을 정확히 적는 것이 좋으며, 학력·경력이 많아서 그대로 쓰기 어려운 경우는 소·중학교의 학력을 빼도 무관하다. 마지막에는 以上(이상)라고 쓰는 것을 잊지 말자.

❻ 자격·면허
운전면허 및 자격증에 대해 기재하자. 또한 현재 공부 중인 것이 있다면 "현재 OO자격을 취득하기 위하여 공부 중입니다(現在, OO資格取得に向けて勉強中です)"라고 쓰면 좋다.

❼ 건강상태
良好(양호)라고 적으면 된다.

❽ 취미·특기
좋아하는 스포츠나 취미생활을 적는다.

❾ 지망이유
설득력 있게 지망하게 된 이유에 대해 기재할 것.

전화걸기

- 사전에 업무내용 파악할 것.
- 기본적으로 사용하게 될 일본어는 미리 준비할 것.
- 바쁜 시간은 피해서 전화할 것(영업개시 직후, 점심시간, 영업종료 직전 등).
- 시끄러운 장소에서 전화하지 말 것.
- 가게에 붙여놓은 광고를 본 경우라도 사전에 전화로 면접일정을 잡고 가는 것이 좋다.
- 면접일을 잡고 상대방이 끊을 때까지 기다리고, 반드시 끊으면서 失礼します。라고 할 것.

주의점

- 깔끔한 복장으로 갈 것.
- 밝고 성실한 이미지를 주는 것이 좋다.
- 염색머리는 되도록 삼가는 것이 좋다.
- 자신감 있는 말투가 중요하다.
- 면접시간보다 5분 먼저 가는 것이 예의다.

アルバイト募集の件でお電話したんですが。
아르바이트 모집 일로 전화했습니다만.

店長さんいらっしゃいますか。
점장님 계십니까?

韓国からの留学生ですが、働けますか。
한국에서 온 유학생입니다만, 일 할 수 있습니까?

外国人はちょうと困りますよ。
외국인은 좀 곤란합니다.

履歴書を持って明日2時に面接に来てください。
이력서를 들고 내일 2시에 면접 보러 오세요.

はい、2時までに行きます。失礼します。
네, 2시까지 가겠습니다. 실례하겠습니다.

면접일

面接に來ましたキムと申します。どうぞよろしくお願いします。
면접 보러 온 김이라고 합니다. 잘 부탁 드립니다.

これが履歴書です。
이력서는 여기에 있습니다.

勤務時間は、一週間に何回であり、一日に何時間ですか?
근무시간은 일주일에 몇 번이며 하루에 몇 시간입니까?

具体的な仕事内容を説明して下さい。
구체적인 일에 관한 내용을 설명해주세요.

私は6ケ月ここにいる予定なので、それまでに働きたいです。
6개월 동안 이곳에 있을 예정이니 그때까지 일하고 싶습니다.

時給はいくらですか。
시급은 얼마입니까?

休日手当てはありますか。
휴일 수당은 있습니까?

交通費は支給されますか。
교통비는 지급되나요?

채용결정 후

いつから働けばいいですか。
언제부터 일하면 됩니까?

給料の振込みはどのように行われますか。
월급의 지불은 어떤 방법으로 됩니까?

給料は、何日までを締めとして計算され、何日に支拂われるのですか。
월급은 며칠까지 기한으로 하여 며칠에 지급됩니까?

★일본어를 Up↑ 시켜주는 인기 TV프로그램 7★

구루나이 (ぐるナイ)

'구루나이'라고 부르지만 정식 타이틀은 '구루구루 나인티나인'으로 '오카무라 타카시'와 '야베 히로유키'로 구성된 개그콤비 '나인티나인'이 진행하는 버라이어티 프로그램이다. 니혼테레비의 아나운서 '하토리 신이치'가 진행을 돕고, 가수 TOKIO의 '코쿠분 타이치'와 배우 '이노우에 와카'와 '후나코시 에이이치로'도 현재 고정멤버로 출연 중이다. 원래 1994년 관동과 일부 지역에서만 방영이 되었지만 시청자들로부터 호평을 받고 현재의 골든타임 방송이 되었다. 메인코너 '카붓챠야~YO'와 기타 다양한 코너로 구성된 전형적인 일본 버라이어티 프로그램이다. (방송 : 니혼테레비. 매주 금요일 저녁 7시~8시)

http://www.ntv.co.jp/gurunai

3. 일자리가 많은 일본의 리조트

스키장이나 해수욕장, 테마파크, 호텔 등 규모가 큰 리조트에 가면 일자리가 많고 새로운 친구들도 많이 사귈 수 있다. 예를 들어 스키장에서 아르바이트를 하게 되면 숙식을 저렴하게 해결하면서 스노보드나 스키를 공짜로 배우며 실컷 탈 수 있다. 또 여름에는 치바나 오키나와의 비치에서 호텔, 레스토랑, 상점 등에서 아르바이트를 하게 되면 스킨스쿠버나 서핑을 배울 수가 있다. 한국에서는 서핑을 하고 싶어도 파도가 약해서 시도해볼 수도 없다. 비치는 보통 여름에 직접 그곳으로 가서 살면서 일자리를 알아봐야 하지만 스키장은 초가을부터 미리 스키장 홈페이지나 전화를 통해서 일자리를 알아보는 것이 좋다.

★ 스키 리조트

★홋카이도(삿포로, 아사히카와) 지역★
니세코 스키 리조트 Niseko United
(アンヌプリ国際 & 東山 & グランヒラフ)

니세코 스키 지역은 안누프리, 히가시야마, 히라후 등 3개의 독립된 스키장이 정상에서 서로 연결되어 있어 니세코 공통권으로 3개의 스키장을 마음껏 즐길 수 있다. 거대한 규모와 함께 최고의 적설량과 파우더 스노우로 홋카이도를 대표하는 스키 리조트이다.

http://www.niseko.ne.jp

루스츠 리조트(ルスツリゾート)

3개의 산으로 이루어진 거대한 리조트로 니세코와 함께 홋카이도를 대표하는 스키장으로 꼽힌다. 37개의 코스에 총 활주거리 42km는 홋카이도 최고의 규모이다. 국도를 사이에 두고 서쪽산과 동쪽산으로 나누어져 있어 곤돌라로 왕래한다. 스키장 이외에도 다양한 액티버티와 어뮤즈먼트 파크, 쇼핑몰 등 즐길 수 있는 것들이 많이 있다.

http://www.rusutsu.co.jp

키로로 스노우월드(キロロスノーワールド)

눈 오는 날이 너무 많아 놀랄지도 모른다. 아름다운 경관과 양질의 파우더를 마음껏 만끽할 수 있고 코스도 다양하다. 스키장 이외에도 온천과 풀장도 즐길 수 있다.
http://www.kiroro.co.jp

사호로 리조트(サホロリゾート)

홋카이도의 중앙에 위치하며 산 전체가 파우더 스노우로 덮혀있다. 국내에는 드라마 '황태자의 첫사랑' 촬영지로 많이 알려지게 되었다. 스키장은 크지 않지만 이외에도 레프팅, 승마 등 다양한 액티버티가 준비되어 있다.
http://www.sahoro.co.jp

★나가노(하쿠바, 시가고원) 지역★

핫포네(八方尾根)

1998년 나가노 동계올림픽 알핀 스키 개최지로서 전세계에 이름을 알렸다. 총 13개의 코스를 가지고 있지만 코스 수에 비해 규모가 크고 중상급 레벨의 스키어들에게 특히 인기가 많다.
http://www.hakuba-happo.or.jp

하쿠바47 & 고류 (Hakuba47 Winter Sports Park & 五龍)

하쿠바47스키장과 고류스키장이 연결되어 있어서 한 곳의 리프트권으로 두 스키장을 오가며 탈 수 있다. 하프파이프와 점프대 등이 있는 하쿠바 47의 보드파크는 스노보더들에게 최고의 놀이터이다.

http://www.hakuba47.co.jp
http://www.hakubagoryu.com

노자와 온천 (野澤溫泉)

긴 역사를 자랑하며 핫포네와 함께 나가노를 대표하는 스키장이다. 나가노 동계올림픽 바이애슬론 경기가 열렸던 올림픽 스포츠파크이기도 하다. 웅대한 자연과 온천에 둘러싸여 많은 스키어와 스노보더로부터 사랑을 받고 있다.

http://www.nozawaski.com

시가고원(志賀高原)

시가고원에는 총 21개의 스키지역에 71개의 리프트, 곤돌라, 로프웨이가 있다. 모든 스키장과 셔틀버스는 공통의 리프트권으로 자유롭게 왕래할 수 있다. 동양의 알프스라고 불러도 좋을 만큼 그 스케일과 뛰어난 경관, 최상의 눈은 어디 하나 빠지지 않는다.

http://www.shigakogen-ski.com

★니가타(新潟) 지역★
나에바(苗場)

프린스호텔을 베이스로 하고 있어서 스키를 타고 난 후 호텔에서 즐길 수 있는 것들이 다양하게 준비되어 있다. 눈과 시설 등 모든 면에서 뛰어나 일본인들이 사랑하는 대표적인 스키장 중 하나이다. 셔틀버스나 곤돌라를 타고 근처에 있는 카구라, 타시로, 미츠마카 스키장도 이용할 수 있다.

http://www.princehotels.co.jp/naeba/

★야마가타(山形) 지역★
자오(山形 藏王 溫泉)

26개의 코스와 42개의 리프트로 이루어진 자오는 경관이 수려하고, 온천과 함께 험난한 기후에서만 생긴다는 수빙으로 유명하다. 거대한 스키장과 풍치 있는 온천마을의 매력을 함께 느낄 수 있다.

http://www.zao-spa.or.jp

★이와테(岩手) 지역★

앗피(安比高原)

도와다 국립공원에 인접한 앗피고원은 겨울이 되면 산 전체가 눈으로 덮이고 눈의 질 또한 최상이다. 최장 5.5km의 변화가 많은 21개의 코스와 스노우파크를 보면 이 곳이 왜 스키잡지에서 자주 최고로 꼽히는지 알 수 있다. http://www.appi.co.jp

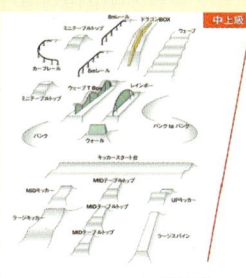

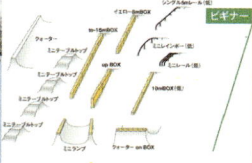

★후쿠시마(福島) 지역★

아르츠 반다이(アルツ磐梯)

29개의 코스를 가진 후쿠시마 최고의 스키장으로 6개의 스노우파크는 동양최대규모를 자랑한다. 프리스타일러에겐 더할 나위 없는 스키장이라고 할 수 있겠다. http://www.alts.co.jp

★아오모리(靑森) 지역★

아지가사와(鯵ケ澤)

총 13개의 코스를 가지고 있지만 2003년 동계 아시안게임이 이곳에서 열린 걸 보면 아오모리를 대표하는 스키장임을 알 수 있다. 스키장이 이와키야마의 북쪽 경사면에 위치해서 눈앞에 바다를 바라보고 있으며, 항상 충분한 적설량과 상질의 눈으로 시즌 종료까지 최상의 컨디션을 유지한다.
http://www.ajigasawa-resort.jp

★ 테마 파크

도쿄 디즈니리조트(Disney Land, Disney Sea)

흔히 도쿄 디즈니랜드라고 불려지지만 사실 행정구역상으로는 치바에 위치하고 있다. 디즈니리조트는 크게 '디즈니랜드'와 '디즈니씨'로 나누어지고 그 외에 앰버서더 호텔과 미라코스타 호텔, 쇼핑센터와 영화관 등으로 구성되어 있다. 1983년 디즈니랜드가 먼저 문을 열었고 2001년에 디즈니씨가 개장됐다.

http://www.tokyodisneyresort.co.jp

유니버설 스튜디오(오사카)

오사카 코노하나구에 위치하며 도쿄 디즈니리조트와 함께 일본을 대표하는 테마파크이다. Universal Studios Japan은 미국의 헐리우드와 올란도에 이어 세계에서 3번째로 2001년에 오픈했다. 테마파크는 헐리우드 지역, 뉴욕 지역, 샌프란시스코 지역, 쥬라기공원, 스누피 스튜디오, 워터월드, 라군, 애머티 빌리지, 랜드 오브 오즈로 구성되어 있다.

http://www.usj.co.jp

피닉스 시가이아 리조트(미야자키)

미야자키현 미야자키시에 위치하며 가장 유명한 오션돔을 비롯하여 쇼유센큐 온천과 밴연트리 스파, 골프장, 호텔 등으로 이루어진 종합리조트이다. 1993년에 오픈한 오션돔은 기네스에서도 인정한 세계 최대의 실내 워터파크이다.

http://www.seagaia.co.jp

Sea Paradise(요코하마)

씨파라다이스는 아쿠아 박물관(수족관), 돌핀 환타지(돌고래쇼), 후레아이 라군(수족관), 프레져랜드(놀이공원), 베이 마켓, 레스토랑 플라자 등으로 이루어진 복합유원지이다. 요코하마의 하케이지마에 위치하며 씨파라다이스를 줄여서 '씨파라' 라고도 부른다.

http://www.seaparadise.co.jp

스파 리조트 하와이안즈(후쿠시마)

대형 온수 풀, 온천, 골프장, 호텔로 이루어진 복합 레저타운이다. 2007년 일본 영화시상식을 휩쓴 '훌라걸' 의 실제 배경이 된 곳이다. 재일교포 이상일 감독에 아오이 유우가 출연을 했다. 후쿠시마현 이와키시에 위치하며 영화의 내용처럼 폐광의 운명을 맞은 탄광촌에서 마을을 살리기 위해 리조트가 건설되었다.

http://www.hawaiians.co.jp

일본의 명문학교들

분야별 명문 전문학교

우리나라의 경우, 대학을 졸업해도 학위뿐이고 취업을 하면 다시 처음부터 배워야 하는 경우가 많다. 하지만 일본은 분야에 따라 기술이 중시되는 직업들은 4년제 대학이 아니라 전문학교에서 실습위주의 교육으로 현장에서 꼭 필요한 전문인을 양성하고 있다. 요리, 패션, 만화, 관광 등의 전공은 4년제 대학에서는 찾아보기 어렵다. 일본도 공직이나 일반 사무직에서는 학벌을 많이 따지지만 전문분야는 학벌보다도 능력이 우선이다. 일본에는 세계에서 인정하는 명문 전문학교들이 많이 있다. 이 책을 읽는 학생들은 자기가 정말로 좋아하고 잘할 수 있는 일이 뭔지 한번 생각해보자.

일본공학원 (도쿄, 하찌오지, 홋카이도)

일본공학원은 크리에이티브, 음악, IT, 테크놀로지, 의료, 스포츠 이렇게 총 6개의 분야로 구성되어 있다. 대표적인 학과로는 애니메이션/만화, 뮤직아티스트, IT스페셜리스트, 디자인, 바이오 테크놀로지, 자동차, 건축, 임상공학, 침구과, 스포츠 트레이너 등이 있다. 일본공학원을 졸업하면 도쿄공과대학의 3학년 및 2학년으로 유리하게 편입할 수 있는 제도를 갖추고 있다.
http://www.neec.ac.jp

커뮤니케이션아트 전문학교(도쿄, 오사카, 나고야, 후쿠오카)

학교가 크게 '크리에이티브 커뮤니케이션'과 '에코 커뮤니케이션'으로 나누어지고 그 안에 세부 전공들이 있다. 크리에이티브에는 만화가, 일러스트레이터, 애니메이터, 게임 프로그래머, 그래픽 디자이너 등 이름과 어울리는 여러 창의적인 분야가 있으며, 에코에는 동물 조련사/미용사, 돌핀 트레이너, 플로리스트 등 자연과 관련된 다양한 분야가 있다.
http://www.tca.ac.jp   http://www.oca.ac.jp

음향기술전문학교(도쿄)

일본 최초의 음향기술학교로 총 6개과 2개 학년을 통틀어 학생수가 300명 정도밖에 되지 않는다. 실기수업의 학생수를 10명 이내로 제한하기 때문이다. 졸업생들은 방송국, 레코드회사, 영화사 등 다양한 분야에서 활약하고 있으며 유명인도 많이 배출하였다.   http://www.onkyo.ac.jp

 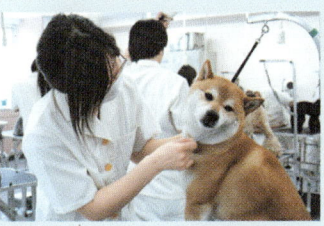

주오동물전문학교(도쿄)

주오동물전문학교에는 애견미용, 동물간호, 동물공생 이렇게 3개의 전문분야가 있다. 지금까지 졸업생의 취업률은 90%이며 대개 동물병원, 애완동물가게 등에서 일하고 있다.
http://www.chuo-a.ac.jp

문화복장학원(도쿄)

일본의 패션역사와 함께 걸어온 문화복장학원은 세계적인 패션 전문교육과 그에 버금가는 정보수집 및 발신을 하는 거점으로서 막대한 역할을 하고 있다. 정보분야에서도 텍스타일과 영상을 시작으로 학술적 정보와 비즈니스 정보 등 패션에 관한 모든 정보를 수집/분석/제공하는 '패션리소스센터'를 개설하였다. 세계적으로 귀중한 자료를 갖추고 있는 복장 박물관이나 도서관 등과 함께 국제적인 패션정보네트워크를 완성해오고 있다. 학과가 세분화되어 있어서 신발, 가방에 대해서도 전문적으로 공부할 수 있다.
http://www.bunka-fc.ac.jp

모드학원(도쿄, 오사카, 나고야, 파리)

패션, 디자인, 비즈니스, 인테리어, 그래픽, 스타일리스트, 메이크업, 헤어 등 창립 이후 희망자 전원의 취직을 실현시키고 있다. '창조성개발교육' 및 업계와 직결된 커리큘럼으로 실전능력을 갖춘 크리에이터를 육성하며 독자개발한 'SSD평가(개성개발)시스템'을 도입하여 학생 개개인의 개성을 이끌어내는 교육을 실현하고 있다.
http://www.mode.ac.jp

핫토리영양전문학교(도쿄)

긴 세월 동안 영양사, 조리사 숙련자들을 육성해온 핫토리영양전문학교는 차세대를 이끌어 나갈 뛰어난 인재를 만들기 위해 날마다 발전하며 노력하고 있다. 단순히 오래된 역사와 이름만을 가진 학교가 아니라, 최첨단 조리기구, 글로벌 정보, 기술 네트워크 등을 충실히 갖춘 전문학교이다.
http://www.hattori.ac.jp

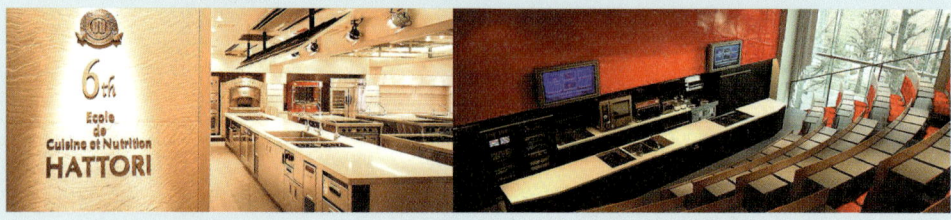

히코미즈노 주얼리 칼리지(도쿄, 오사카)

주얼리와 시계분야에 집중된 일본에서 유일한 학교법인의 전문학교이다. 창립 40주년을 맞아 지금까지 수많은 인재를 배출해왔다. 주얼리분야는 유명 실버샵과 국제기업의 지원을 받아 엄격한 수업과 국제대회의 참가 등 실무적인 커리큘럼을 전개하고 있다. 또 시계분야는 일본시계수입협회와 스위스의 시계명문학교 'WOSTEP'의 인정코스를 겸행하고 있다.
http://www.hikohiko.jp

야마노미용전문학교(도쿄)

1934년 야마노미용강습소가 설립된 이후 21만 명 이상의 졸업생을 미용계에 배출해냈다. 이 학교에서 수많은 오너미용사와 톱 스타일리스트가 나왔으며 해외에서 활약하는 졸업생들도 증가하고 있다. 업계에서 '뛰어난 기술과 풍부한 감성을 이끄는 교육'이라고 평가받고 있다.
http://www.yamano.jp

동경외어전문학교

1976년 개교 이래, 국제감각을 익힌 인재육성을 위해 커뮤니케이션 위주의 영어교육으로 각 분야의 전문 강사들이 철저하게 지도한다. 항공비즈니스, 영어, 일본어, 일한통역 등의 학과가 있다.
http://www.tflc.ac.jp

한국보다 학비가 싼 국립대학교

한국의 대학 학비가 10년 전과 비교해서 거의 2배 가까이 인상되었다. 현재 한국과 일본의 물가를 비교해보면 대중교통비를 제외하고는 비슷하거나 오히려 한국이 더 비싸지만 1인당 국민소득이나 아르바이트 시급은 일본이 한국보다 2배 정도 높다. 일본의 국립대 1년 학비가 80만 엔 정도니까 한국의 사립대와 비슷한 수준이다. 결코 쉬운 일은 아니지만 일본의 국립대학에 입학할 수 있다면 한국에서 지방학생이 서울에 올라와서 공부하는 것 보다 훨씬 적은 부담으로 공부를 할 수 있다. 일본의 대학은 장학금도 많이 줄 뿐만 아니라 일을 하면서 공부를 한다고 하더라도 두 나라의 아르바이트 급여 차이가 크기 때문이다.

도쿄대학 東京大学

흔히 東大(도다이)라고 불리는 도쿄대학의 모체는 1877년 설립된 일본 최초의 근대적 대학인 제국대학이었다. 근대 일본의 수많은 분야에서 지도력을 발휘한 인재를 배출하였으며 10학부와 15개의 대학원, 11개의 부속연구소가 있는 일본 최고의 대학이다. 2007년 영국 Times에서 세계대학순위 17위로 평가되었다.
http://www.u-tokyo.ac.jp

교토대학 京都大学

일본 내에서 노벨상 수상자를 가장 많이 배출한 대학으로 2007년 영국 Times에서 세계 25위였다. 약칭으로 京大(쿄우다이)라고 불리며, 모든 일을 학생의 자주성에 맡긴다고 하는 '자유의 학풍'을 표방하고 있다. 교토대학은 학부연구소 이외에도 13개의 연구소와 17개의 연구센터를 운영하고 있다. 일본의 대학으로서 최다로 이 중 9개의 연구소와 연구센터는 다른 대학이나 연구기관에서도 이용하는 '전국공동이용연구소'이다.
http://www.kyoto-u.ac.jp

히토츠바시대학(도쿄) 一橋大学

히토츠바시대학은 '소수인원 교육'을 내걸고 베이비붐시대에도 교수 한 명에 학생 10명 정도의 세미나제도를 고집한 학교이다. 2차 세계대전 이전부터 외국인 교수를 적극적으로 임용하는 등 국제적인 교육이 전통이며 현재 수백 명의 유학생이 재학 중이다. 또 전세계 40여 개 나라의 대학과 대학과 자매결연을 맺고 있어, 해마다 수십 명씩 학비, 생활비, 용돈까지 전액 지원해주는 해외유학제도를 시행하고 있다. http://www.hit-u.ac.jp

도쿄공업대학 東京工業大学

공업계열로는 가장 유명한 명문대학으로 1881년 동경직공학교를 기원으로 한다. 일명 東工大(도코다이) 또는 'Tokyo Tech'으로 불린다. 2006년 4월에는 교내에 슈퍼컴퓨터 TSUBAME를 가동시켜 일본에서 가장 빠른 슈퍼컴퓨터를 보유한 대학이 되었다. 이 슈퍼컴은 일본 내의 대학으로서는 처음으로 학부학생이라도 연구나 리포트 작성 등 자유롭게 이용할 수 있다.
http://www.titech.ac.jp

오사카대학 大阪大学

2007년 10월 오사카외국어대학과 통합함으로써 일본의 국립대학 중 외국어학부가 있는 곳은 도쿄외국어대학과 오사카대학뿐이다. 약칭으로 阪大(한다이)라고 불린다. 자유로운 학업 분위기와 진취적인 정신이 오사카대학의 전통이다. 학술연구에서도 생명과학을 비롯한 각 분야에서 많은 연구인이 세계를 무대로 활약하여 그 이름을 높이고 있다. 2007년 영국 Times에 세계대학 순위 46위에 랭크되었다. http://www.osaka-u.ac.jp

나고야대학 名古屋大学

1939년에 설립된 나고야제국대학이 전신으로 제국대학 중 9번째이자 마지막으로 생긴 곳이다. 나고야대학을 약칭으로 名大(메 다이)라고 부른다. '용기있는 지식인을 기른다' 를 사명으로 하고 있으며, 국립대학으로서는 드물게 유학생들이 많이 공부하고 있는 편이다.
http://www.nagoya-u.ac.jp

토호쿠대학(센다이) 東北大学

토호쿠대학은 '연구제일주의', '문호개방', '실학존중' 이렇게 3가지를 대학이념으로 내걸고 있다. 대학이념에 걸맞게 연구경비는 일본의 국립대학 중 손에 꼽히는 수준이다. 또 국립대학교 중 최초로 여학생을 입학시키는 등 학생들의 배경보다는 능력을 우선으로 받아들였고 벤처기업을 설립해 지역산업의 육성을 도모하고 있다.
http://www.tohoku.ac.jp

규슈대학 九州大学

1911년에 설립된 규수제국대학이 전신으로 1949년 구 규수대학과 몇몇 학교가 합쳐져서 현재의 규슈대학이 되었다. 약칭으로 九大(큐다이)라고 불리며 6개의 학교부지가 후쿠오카의 도시권에 위치하고 있다. 2000년에는 전문성이 높은 제너럴리스트의 육성을 위해 '21세기 프로그램' 이란 학사코스를 만들었다. 필수과목이 적고 일부 과목을 제외한 대부분의 수업을 수강할 수 있는 것이 이 코스의 특징이다.

http://www.kyushu-u.ac.jp

홋카이도대학 北海道大学

1876년 설립된 삿포로농업학교를 모체로 제국대학이 설립되고 나중에 홋카이도대학이 되었다. 약칭으로 北大(호쿠다이)라고 불린다. 일본정부의 요청으로 메사추세츠 농과대학의 학장이었던 William Smith Clark박사가 삿포로농업학교의 초대교감으로 왔는데 실질적으론 교장이나 마찬가지였다. "Boys, be ambitious!"라는 유명한 명언은 바로 이 Clark박사가 미국으로 돌아가기 전 학생들에게 말한 것으로 알려져 있다.

http://www.hokudai.ac.jp

오차노미즈 여자대학(도쿄) お茶の水女子大学

1875년 도쿄여자사범학교로 개교해 1949년 오차노미즈 여자대학이 되었다. 전신교는 오차노미즈에 있었지만 관동대지진 이후 현재의 도쿄도 분쿄구로 이전하였다. 우수한 연구인과 사회인을 배출해온 전통을 미래로 이어가기 위해 교육과 연구의 질을 날로 향상시키고 있다. 배움에 의해 힘을 다지고 자신의 길을 갈고 닦아 사회와 세계에 공헌하는 여성을 키우는 것이 대학의 사명이다.

http://www.ocha.ac.jp

도쿄외국어대학 東京外国語大学
(Tokyo University of Foreign Studies)

외국어대학 중에서 유일한 국립대학으로 외국어학부만으로 구성되어 있다. 약칭으로 外語大(가이고다이) 또는 TUFS (타후스)로 불린다. 전세계의 언어가 연구 및 교육되고 있어서 많은 어학전문가가 소속되어 있다. 어학연구만 하는 것이 아니라 지역연구에도 역점을 두어 해마다 언어권의 정치, 경제, 사회, 문화 등 다양한 연구를 실시한다.
http://www.tufs.ac.jp

츠쿠바대학(도쿄) 筑波大学

1973년 전신교인 동경교육대학의 이전을 계기로 '열린 대학'이라는 건학의 이념아래 공학계, 의학계 등을 포함한 종합대학으로 만들어졌다. 설립이래 '연구'와 '교육'을 분리하고 있어서 이것이 하나의 특징이 되었다. 츠쿠바대학은 연구기관의 집적지인 츠쿠바 연구학원도시의 발전과 함께 성장을 거듭해왔다. 현재 'Tsukuba'라는 이름으로 수많은 연구성과와 함께 국제적으로도 높은 평가를 얻고 있다.
http://www.tsukuba.ac.jp

고베대학 神戸大学

1949년 고베경제대학과 국공립교육기관이 합쳐져서 고베대학이 설립되었다. 일본의 국립대학으로서는 처음으로 1989년 MBA프로그램을 개강하였으며, 1992년에는 국제정책개발에 종사하는 인재를 육성하기 위해 대학원에 국제협력연구과를 설립했다. 약칭으로 神大(신다이) 혹은 神戸大(코베다이)로 불린다.
http://www.kobe-u.ac.jp

요코하마 국립대학 橫兵國立大學

일본의 국립대학 중 유일하게 학교이름에 '국립'이라는 글자가 들어간다. 약칭은 橫國(요코코쿠)로 1876년에 설립된 요코하마사범학교가 모체이다. 자유롭고 진취적인 학업분위기에 실천성, 선진성, 개방성, 국제성을 대학의 정신으로 삼아 고도의 교육과 연구를 시행해왔다. 졸업생들은 각각 산업계/학회/지역사회/국정계 등의 중심에서 신뢰받는 인재로서 활약하고 있다.
http://www.ynu.ac.jp

치바대학 千葉大學

전신이 된 학교에 개성적인 것들이 많아서 국립대학으로서는 특이한 학과가 많은 학교이다. 국립대학 중에서 법경학부, 간호학부, 원예학부는 유일하게 치바대학에만 있다. 치바대학과 오사카부립대학의 원예학 연구는 세계적으로 인정을 받고 있다. 그리고 드라마로 유명한 '하얀거탑'의 배경이 오사카이긴 했지만 거기에 나왔던 '나니와 의과대학'은 실제로 치바대 의학부가 모델이었다.
http://www.chiba-u.ac.jp

도쿄예술대학 東京藝術大學

일본 유일의 국립예술대학으로 미술과 음악계의 최고봉으로 여겨진다. 우에노공원의 북쪽 끝에 위치하며 교내에는 박물관도 있다. 입학시험은 우리나라의 '내신등급'과 비슷한 '편차치'보다도 실기를 가장 중요시하며 해마다 경쟁률이 수십 대 일에 이른다. 기존에는 미술과 음악 2학부뿐이었지만, 영상예술(영화, 애니메이션), 무대예술(연극, 댄스)까지 포함한 종합예술대학으로의 개혁을 진행 중이다. 약칭으로는 芸大(게다이), 東京芸大(도쿄 게다이)라고 불린다. http://www.geidai.ac.jp

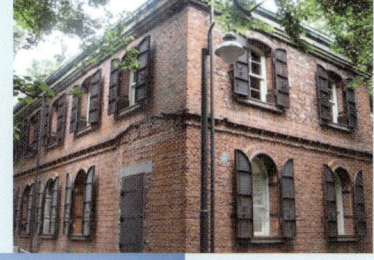

일본생활 Tip

1. 일본인 친구 사귀기

일본어 회화실력을 빨리 늘리는 가장 좋은 방법은 일본인 친구를 사귀는 것이다. 하지만 일본에서 좀처럼 현지인 친구를 사귀기란 쉽지가 않다. 그래도 본인의 의지만 있다면 그렇게 어려운 일도 아니니까 어떻게 하면 일본인 친구를 사귈 수 있는지 한번 알아보자.

한국에 대해서 잘 알자

외국에서는 자신도 중요하지만 나라도 중요하다. 일본인이 볼 때 한국인 ○○씨가 되는 점을 잊지 말자. 한국에 대해서 제대로 알고 잘 소개할 수 있는 사람이라면 일본인 친구를 사귀는 것은 어렵지 않을 것이다.

먼저 마음의 문을 열고 다가가자

일본인 친구가 먼저 다가오는 경우는 거의 드물다. 먼저 다가가서 친해지려고 노력해야 한다.

★일본인 친구가 생기면★

한국에 있는 일본어학원이나 일본에 있는 교육기관이라고 하더라도 가르치는 것은 거의 일본의 경어이다. 일본에서 경어는 예를 갖추어야 하거나 가깝지 않은 사이에 주로 사용하고, 자기보다 나이가 많더라도 친한 사이에는 반말을 사용하기도 한다. 그러니 친구에게 계속 존댓말을 사용하다 보면 상대방은 거리감을 느낄 수 있다. 일단 친한 친구가 되었다고 생각되면, 그 친구의 말투도 흉내 내보고 편하게 얘기하는 것이 더 가까워질 수 있는 길이다.

2. 일본어 공부방법

일본어보다는 관광이나 일본문화를 경험하고 싶어서 일본에 왔다고 하더라도 관광비자로 잠깐 놀러온 것이 아니라면, 원활한 일본생활을 위해서 일본어 공부는 중요한 부분이다.

일본어학교를 다니는 경우엔 수업 열심히 듣기

예습, 복습을 철저히 하고 수업내용 중 모르는 것이 있으면 그날 안으로 해결한다. 모르는 것은 반드시 선생님에게 물어보도록 하자. 아르바이트를 하는 경우에는 시간관리를 잘 해서 공부를 소홀히 하지 않도록 하자.

노트정리를 잘 하자.

노트에 꼼꼼히 정리하는 습관을 들이자. 자신이 잘 쓰는 한국어 단어나 말할 때 막혔던 단어나 표현, 길에서 본 간판의 단어, TV에서 들었던 단어 등 뭐든지 부지런히 메모하고 그 단어로 예문을 생각해보는 것이 좋다. 노트는 항상 휴대하고 다니며 전차 안이나 비는 시간에 보면 많은 도움이 된다.

작문해보기

작문은 시험 준비를 하는 학생들에게 많은 도움이 된다. 그래서 일본어로 일기를 써보는 것도 아주 좋은 방법이다. 꾸준히 하다 보면 어휘력, 독해력이 늘고 자신의 의사를 정확하게 전달할 수 있다.

뜻을 생각하면서 큰소리로 많이 읽자

눈으로만 읽지 말고 뜻을 생각하면서 큰소리로 읽어보자. 그래야 나중에 일본어를 사용하게 될 때 자신 있게 말할 수 있다.

관심분야의 일본어로 즐겁게 공부하자

일본과 관련된 자신이 좋아하는 분야에 대해 조사하고 열심히 몰두하다 보면 재미있게 일본어를 공부할 수 있다. 스포츠, 패션, 음악, 드라마, 영화, 애니메이션, 만화 등.

단어/문법을 탄탄하게

회화를 위해서는 어휘와 문법을 탄탄하게 다져야 한다. 회화문장을 많이 외운다고 일본어를 능숙하게 할 수 있는 건 아니다.

방송매체를 이용해서 자주 일본어를 듣자

처음엔 이해하기 어렵더라도 반복해서 자주 TV나 라디오를 듣다 보면 리스닝과 자신의 발음에도 많은 도움이 된다. 초급자들에게는 쉬운 어린이 대상 프로그램이 좋고, 뉴스는 발음과 어휘력, 쇼 프로그램은 속어와 유행어들을 배울 수 있다.

3. 일본생활 주의점

인사
말로만 인사를 할 때는 밝고 친절한 목소리로 말해야 하며 이 때 미소를 지으면 더 좋다. 말과 동작을 동시에 할 때 고개와 허리를 굽히는데 각도는 상대와 비슷하게 하며 상대방보다 먼저 허리를 펴면 실례이다.

소개
1. 소개할 때 공손히 성(姓)만을 말하는 것이 일반적이지만 한국인의 경우 이름까지 소개한다.
2. 한국에서처럼 악수를 하는 일은 드물다.
3. 소개를 할 때는 자기와 친한 사람부터, 모두 친할 때에는 아랫사람을 먼저 소개한다.

명함교환
1. 일본에서는 직장인뿐만 아니라 중고등학생도 명함을 잘 주고 받으므로 명함을 하나 만드는 것도 좋은 생각이다.
2. 명함을 받으면 상대가 보는 앞에서 직함을 읽어 보고 소중히 지갑 속에 넣는 게 예의이다.

대화할 때

1. 적당한 곳에서 자주 맞장구를 쳐주는 것이 좋다. 안 그러면 불안해 한다.
   はい(예), ええ(예), うん(응), そうですか(그렇습니까?), そうですね(그렇군요), なるほど(과연) 등.
2. 일본인은 자기 자신을 가리킬 때 검지손가락으로 자신의 코를 가리킨다.
3. 아무리 호감이 있어도 너무 호구조사라도 하듯이 물어보는 것은 부담스럽게 생각한다.
4. 대화를 하다가 머리를 때리면 대부분 친하다는 뜻이므로 기분 나빠하지 말자.

거절할 때

일본인들은 아무리 싫더라도 직설적으로 거절하지 않기 때문에 애매한 표현이나 중립적인 표현을 쓸 경우 거절일 가능성이 높다. 일본인에게 거절의 뜻을 전하고 싶을 때는 조심스럽게 그 이유를 설명하는 것으로 충분하다.

약속

1. 일본인은 약속시간에 철저하므로 5분 정도 먼저 도착하는 것이 예의이다.
2. 만날 약속을 한 후 늦을 것 같으면 늦기 전에 연락을 해두어야 한다.
3. 일본인은 보통 확실하게 약속하지 않는다.
4. 방을 계약할 때 정한 사항은 반드시 지켜야 한다.

초대

1. 일본인은 집에 친구를 초대하는 일이 많지 않으므로 초대할 경우 상당히 친해졌다는 의미다.
2. 초대받았을 때는 초대해줘서 감사하다는 표현을 하는 것이 좋다.
   きょうは お招きくだって ありがとうございます」(오늘 초대해주셔서 감사합니다.) 「お世話になります」(폐를 좀 끼치겠습니다.) 등의 표현
3. 구두를 현관에서 벗으면 나가는 방향으로 돌려 놓는다.
4. 친한 사이라고 하더라도 방에 들어갈 때는 노크를 하고, 대답을 하면 들어가자.
5. 화장실에 갈 때는 주인에게 먼저 물어보자.

식사

1. 음식 대접을 받았을 경우 친하더라도 너무 솔직하게 평가하지 말고 칭찬하는 것이 좋다.
2. 음식은 작은 접시에 덜어서 먹는다.
3. 일본인들은 식사비용을 각자 낸다.(식사는 자기가 먹은 음식값만 내면 되고, 술은 전체 인원수로 나눠서 내는 것이 일반적이다)
4. 일본인은 첨잔이 예의이므로 술을 계속 따라준다고 해도 꼭 다 마실 필요는 없다.
5. 어른 앞에서 술을 마실 때 자세를 고쳐서 마실 필요도 없고 어른 앞에서 담배도 허용된다.
6. 음식을 배달시켜 먹은 후 그릇은 설거지해서 내놓아야 한다.

앉는 자세

자리에 앉을 때 여성의 경우 책상다리를 하고 앉거나 한쪽 다리를 세우고 앉는 것은 좋지 않게 보는 경우가 많다. (일본의 기모노를 입었을 때를 생각하면 쉽게 이해가 간다)

욕실사용

1. 일본 가정의 욕실은 한 사람씩 순서대로 들어가므로 밖에서 몸을 씻은 후 욕조에 들어가야 한다.
2. 욕조에서 나왔으면 온 가족이 쓰는 것이므로 물을 빼지 않는다.
3. 손님이 가장 먼저 목욕하는 것이 예의이므로 사양하지 않아도 된다.

선물

1. 선물을 줄 때는 확실히 선물이라고 말하고 줘야지 그러지 않으면 그냥 들고 온 물건이라고 생각한다.
2. 선물을 줄 때는 그 사용방법이나 특징에 대해 설명해주는 것이 예의이다.
3. 일본인은 선물을 받으면 그와 비슷한 선물로 갚는 것이 예의라고 여기기 때문에 큰 선물은 부담스럽게 생각한다.

그 외

1. 일본의 주택은 벽이 얇으므로 10시 이후에는 텔레비전이나 기타 소음에 주의한다.
2. 자동차의 진행방향이 한국과 반대이므로 교통사고에 주의한다.
3. 권유도 세 번, 사양도 세 번이라는 말을 알아두자.

★일본어를 Up↑ 시켜주는 인기 TV프로그램 8★

아이노리(あいのり)

아이노리는 '합승'이란 뜻으로 세계각지를 돌아다니며 촬영하는 연예관찰 프로그램이다. 히사모토 마사미, 이마다 코우지, 웬츠 에이지의 사회로 진행된다. 남자 4명과 여자 3명 이렇게 7명의 젊은이가 러브웨건이라고 불리는 차를 타고 특정 나라를 함께 여행한다. 도중에 마음이 가는 이성에게 일본행 티켓을 건네주는 것으로 고백을 하는데, 티켓을 받고 키스를 하면 커플이 이루어지고 두 사람은 함께 귀국하게 된다. 하지만 티켓을 돌려주면 거절하는 뜻으로, 돌려받은 사람은 혼자 일본으로 돌아가야 된다.

1999년 10월에 시작한 이래 지금까지 37커플이 탄생했고 그 중 7커플이 결혼했다. 그리고 현지의 스텝들은 출연자들과 사랑에 빠지지 않도록 하기 위해서 애인이 있거나 결혼한 사람들만 기용한다. 하지만 지금까지 현지 스텝과 사랑에 빠져 도중하차한 여자 출연자가 1명, 현지의 러브웨건 운전자와 사랑에 빠져 커플이 된 여자 출연자도 1명 있었다. 또 도중하차하고 일본으로 돌아간 후 다시 고백하고 교제하는 커플도 있다. (방송 : 후지테레비, 매주 월요일 밤 11시~11:30) http://wwwz.fujitv.co.jp/ainori

4. 생활비 절약하는 방법

100엔숍 99엔숍을 활용하라.
일본에는 100엔숍과 99엔숍이 있다. 이곳에는 식료품부터 인스턴트식품, 잡화류, 생필품까지 다양한 제품이 갖추어져 있다.

음식은 가능한 한 만들어 먹어라
식생활비가 생활비 중에 가장 많은 부분을 차지한다. 귀찮더라도 직접 음식을 만들어서 먹으면 생활비가 엄청나게 줄 것이다.

음료수에 대한 소비를 줄여라
일본의 캔 음료수는 한국에 비해 비싼 편이다. 자판기가 많은 일본에서 아무 생각 없이 뽑아 마시는 음료수 값은 생활비에서 차지하는 비중이 꽤 크다.

적당한 주거환경을 찾아라
생활비 지출에서 으뜸은 주거지 바로 방값이다. 도심에 가깝고 전철역에 가까울수록 월세가 비싸고, 도심을 조금만 벗어나면 조용하고 자연을 즐길 수 있으면서 방값도 저렴해진다. 하지만 일본은 교통비가 만만치 않으니 집을 정할 때는 거리, 방값, 교통비까지 이 3가지를 꼭 따져보고 선택하자.

국제통화비를 줄여라

한국에서 걱정하는 가족들을 위해 전화는 필요하지만 너무 긴 통화는 자제하는 것이 좋다. 인터넷을 사용하는 경우라면 인터넷폰이나 메신저 음성대화 등을 이용하는 것이 좋겠다.

교통비는 정기권을 활용하라.

한 달에 보름 이상 같은 코스로 움직이는 경우라면 정기권을 구입하는 것이 훨씬 경제적이다. 정기권은 구간을 정해서 그 구간 안에서는 횟수의 제한 없이 정액으로 탈 수 있다. 혹시 구간을 벗어나게 되면 그 벗어난 만큼만 요금을 더 내면 된다.

★일본어를 Up↑ 시켜주는 인기 TV프로그램 9★

코이스루 하니카미! (戀するハニカミ!)

2003년부터 방송한 연예 버라이어티 프로그램으로 '히사모코 마사미'와 '나카지마 토모코'의 사회로 진행된다. 인기연예인 남녀에게 데이트 상대가 누구인지 알려주지

않은 채 약속장소에서 만나게 하고 데이트를 하게 한다. 스튜디오에 데이트 출연자는 나오지 않는다. 대신 데이트 출연자 각각의 친구가 게스트로 출연해서 사회자와 함께 2명의 데이트를 VTR로 지켜보며 데이트 출연자에 관해서 얘기를 한다. 데이트 후에 촬영된 당시의 심정이나 감상을 출연자가 이야기하는 모습들이 데이트화면 중간마다 나온다. (방송 : TBS. 매주 금요일 밤 11시~11:30)

http://www.tbs.co.jp/hanikami

5. 비상 연락처

★ **일본 내 긴급 연락처**
- 경찰 : 110
- 사건사고 상담 : 03-3501-0110
- 분실/습득물 신고 : 03-3814-4151
- 행방불명 : 03-3592-2440
- 화재/구급차 : 119
- 병원안내 : 03-5285-8181
- 주일 한국대사관 : 03-3452-7611~9
- 주일 한국대사관 영사부 : 03-3455-2601~4
- 주일 한국대사관 문화원(한국문화원) : 03-5476-4971~4
- 도쿄입국관리국 : 03-3213-8111

일본생활에 관한 주요 연락처

- 전화번호문의 : 104
- 일기예보 : 177
- 전화 고장 : 113   • 전화 이전 : 116
- 국제전보 : 03-3344-5151
- 신칸센 안내 : 107
- 중앙우체국 : (국내)03-5472-5851 / (국제)03-3241-4891
- 여행자 정보센터 : 03-3201-3331
- 하네다공항 : 03-5757-8111
- 나리타공항 : 0476-32-2800
- 전철 분실물 : (도쿄역)03-3231-1880 / (우에노역)03-3841-8069
- 지하철 분실물 : (우에노역)03-3834-5577
- 도쿄버스 분실물 : 03-3818-5760
- 도쿄택시 분실물 : 03-3648-0300
- 리무진버스 안내 : 03-3665-7220
- 스카이라이너 안내 : 03-3831-0131

알아두기

일본 이모저모

1. 일본의 3대 마쯔리

神田祭(도쿄의 칸다마쯔리)

헌책방과 스키용품점들로 유명한 도쿄의 칸다에서 매년 5월 14~15일에 칸다마쯔리가 열린다. 도쿠가와 이에야스(德川家康)가 세키가하라(關ヶ原)전투에서 승리한 것을 기념하여 시작한 축제가 그 기원이다. 크고 작은 수십 개의 오미코시(御神輿 : 신위를 모시는 가마)가 일시에 출발하는 엄청난 규모의 마쯔리다. 에도시대 산노오마쯔리와 1년씩 교대로 실시되었고 산노오마쯔리가 무가(武家)의 마쯔리인데 반해 이 마쯔리는 서민들의 마쯔리로서 인기를 모았다.

祇園祭(교토의 기온마쯔리)

교토의 역사와 함께 전해내려오는 가장 일본적이며 전통 있는 마쯔리로 일본의 중요 무형민속문화제이다. 천 년 전 전염병을 퇴치하기 위해 기원제를 열었던 것이 유래가 되어 지금의 마쯔리로 자리를 잡게 되었다. 매년 7월 1일부터 31일까지 한 달 동안 이어지는데 특히 16일의 '요이야마(宵山)'와 다음날의 '야마보코 순행(山鉾巡行)'이 가장 유명하다. '요이야마'는 초저녁이 되어 어두워지면 모든 야마보코(장식 수레)가 제등을 하고 그 화려한 모습을 드러내는 행사이고, '야마보코 순행'은 수많은 야마보코가 전부 집합하여 거리를 행진하는 것이다. 기온마쯔리의 상징인 야마보코는 높이 20미터가 넘는 것이 있을 만큼 크고 무겁다. 수레를 끄는 사람들이 일사불란하게 호흡을 맞추지 않으면 제대로 행진할 수 없기 때문에 행사 전부터 꾸준히 연습을 하며 결속을 다진다.

天神祭 (오사카의 텐징마쯔리)

텐징마쯔리는 매년 7월 24~25일에 열리는 독특한 선상 마쯔리다. 물의 도시 오사카(大阪)를 대표하는 마쯔리로 1,000년 이상의 긴 역사를 자랑한다. 하이라이트는 후나토교(船渡御 : 100여 척의 화려한 배들이 강을 거슬러 올라가는 행사)와 하나비(花火)이다. 강 위에서 벌어지는 배들의 행렬과 하늘을 수놓는 수많은 불꽃들이 오사카의 여름밤을 아름답게 장식한다. 이때가 되면 매년 각국 각지에서 100만 명이 넘는 사람들이 오사카로 몰려 북새통을 이룬다.

2. 연중행사

한국에서는 이제 명절이나 결혼식에도 한복을 입은 사람들을 찾아보기가 어렵게 되었다. 오히려 패션쇼에서나 개량한복이라도 볼 수 있는 정도. 일본도 이미 사라진 전통행사들이 많지만 아직까지 전통결혼식을 하는 사람들도 가끔 있고, 하나비(불꽃놀이)를 할 때 유카타를 입거나 성인의 날에 기모노를 차려입은 사람들을 쉽게 볼 수 있다.

お正月(오쇼가츠)

1월 1일은 새해의 첫날로서 元日(がんじつ) 혹은 元旦(がんたん)이라고도 하며, 특히 1일, 2일, 3일을 三(さん)日(にち)라 하여 대부분의 가정에서는 일을 쉬고 신년의 출발을 축하한다. 예전에는 설날을 위해 집에서 お節料理(せちりょうり)(정월음식)를 직접 만들었지만 요즘에는 백화점이나 슈퍼에서도 쉽게 살 수 있다. 이날 아침에는 가족들이 모여 とそ酒(さけ)(정월에 마시는 술)를 마시고 お雑煮(ぞうに)(일본식 떡국)를 먹는다. 옛날에는 집집마다 문밖에 しめなわ(금줄)를 치고 소나무 장식을 하며 소나무와 대나무로 만든 門松(かどまつ)로 장식하기도 한다. 소나무 장식기간을 松(まつ)の内(うち)라고 한다.

오세치요리   시메카자리

成人の日(성인의 날)

매년 1월 2번째 월요일에 만 20세가 되는 젊은이들을 축하하는 날이다. 생일의 기준은 취학연령방식에 따라 전년도 4월 2일부터 그 해의 4월 1일 사이에 20번째 생일이 있는 사람들이다. 성인의 날에는 길에서 예쁘게 기모노를 차려입고 화기애애한 일본여성들을 많이 볼 수 있다. 남자들은 정장을 많이 입기 때문에 특별히 눈에 띄진 않는다.

節分(세쯔분)

입춘 전날을 가리키며 해에 따라 날짜는 다르지만 대개 2월 3일 전후이다. せつぶん날 밤에는 각 가정에서 '귀신은 밖으로 복은 안으로(鬼は外, 福は内)'라고 외치는 소리와 집 안팎으로 콩을 뿌리며 떠드는 소리가 들려온다. 이 행사는 계절이 바뀔 때쯤 귀신(사악한 것이나 불행)은 집 밖으로 나가고, 복(행운이나 행복)은 집 안으로 들어오라고 하는 바람이 깃들여져 있다. 콩을 뿌린 다음 남은 콩을 가족 모두가 각기 자신의 나이만큼 먹기도 한다.

雛祭り (히나마쯔리)

여자아이의 건강과 행복을 기원하는 전통행사로 매년 3월 3일에 열린다. 3월초에는 복숭아 꽃이 피는 시기여서 桃の節句라고도 한다. 이 날이 되기 며칠 전부터 어린 딸이 있는 집에서는 화려한 장식을 한 히나인형과 히나과자, 복숭아 등을 단 위에 올려 놓았다가 당일이 되면 온 가족이 음식을 나눠먹고 축제가 끝나면 단을 치운다.

お花見 (오하나미)

보통 4월 중이며 특정 날짜가 아닌 벚꽃의 개화에 맞추어서 일본 전국에서 벚꽃구경을 한다. 일반적으로 직장단위, 친목단위로 이루어지며, 유명한 공원의 경우 자리를 맡기 위해서 전날부터 밤을 새가며 자리를 지키는 사람도 있다.

端午 (탄고)

단오절은 남자아이의 축일이다. 남자아이가 건강하게 자라기를 기원하며 남자아이가 있는 가정에서는 갑옷에 투구를 쓴 5월 인형을 장식하고 집밖에 잉어모양을 걸어 세우고(こいのぼり) 창포나 찰떡으로 그 아이의 입신출세를 기원한다.

七夕 (타나바타)

칠석(7월 7일)은 은하수를 사이에 두고 빛나는 두 개의 별 견우성과 직녀성이 1년에 한 번 만난다는 중국의 전설에서 유래되었다. 일본에는 短冊(たんざく)라고 종이에 소망을 적어서 종이접기나 색종이 등과 함께 대나무 가지에 장식해서 붙이는 풍습이 있으며, 센다이 타나바타 마쯔리가 가장 유명하다.

お盆(오봉)

오봉은 불교행사에서 유래된 조상의 영혼을 모시는 날이다. 원래는 음력 7월 15일이었는데 중간에 양력 7월 15일로 바뀌었다가 현재는 양력 8월 15일이 되었다. 보통 8월 15일을 전후해서 나흘간이 연휴이다. 이 때는 우리나라의 추석처럼 많은 사람들이 고향을 찾아간다. 각 지역에서는 유카타를 입은 사람들이 櫓(やぐら) 주변에서 원모양을 이루며 춤을 추는 盆踊り(봉오도리)가 행해진다.

봉오도리

七五三(시치고상)

시치고상은 3세와 5세의 남자 아이, 3세와 7세의 여자아이에게 나들이 옷을 입혀서 신사에 참배하는 축하일로 11월 15일에 행해진다. 에도시대의 武家사회의 관습이 일반화된 것으로 당시 무사집안의 자녀는 3세에 남녀 모두 처음으로 머리를 늘어뜨리는 '카미오케의 의식'을 행했다. 그 후 남아는 5세가 되면 처음으로 하카마를 입는 '하카마의 의식', 여아는 7세가 되면 처음으로 히모(띠)를 풀고 정식으로 오비(띠)를 하는 '띠 풀기 의식'을 하였다.

어린이용 기모노세트

3. 일본 3대 하나비 & 도쿄의 하나비

일본 3대 하나비 대회

全國花火競技大会 (秋田縣大仙市)

'전국 하나비 경기대회'는 아키타현 다이센시의 오마가리지구에서 매년 8월 마지막 토요일에 개최된다. '오마가리 하나비'라고도 불리며 2008년이 82회이다. 일본에서 유일하게 낮에 하나비 대회가 열리는 것으로 유명하다. 경기 사이에 테마에 맞추어 발사하는 와이드스타마인(대회 제공 하나비)은 항상 대단한 인기로, 오마가리 하나비 협동조합에서 1년이나 걸려 만든 것이다. 경기는 오후 5시 에 낮 하나비가 시작되어 7시 부터는 규모가 더 큰 밤 하나비가 시작된다. 최근, 다른 하나비에서도 웃는 얼굴이나 애니메이션 캐릭터, 해바라기, 밀짚모자, 선글라스 등을 볼 수 있지만, 이러한 불꽃은 이 '전국 하나비 경기 대회'에서 최초로 시작한 것들이다. 관람석은 발매 개시와 동시에 모두 팔리고, 조금이라도 좋은 장소를 확보하려고 전날부터 캠핑카 등에서 기다리는 사람도 있다. 오후 6시경에는 회장이 가득 차지만, 오전 11시 까지 도착하면 무료석도 구할 수 있다.

土浦全國花火競技大会 (茨城縣土浦市)

'츠치우라 전국 하나비 경기대회'는 이바라기현 츠치우라시에서 매년 10월 첫 번째 토요일에 개최된다. '츠치우라 하나비'라고도 불리며 2008년 77회를 맞는다. 츠치우라시의 인구가 약 14만 명인데 이 하나비가 열릴 때는 약 80만 명의 인파가 몰려든다. 하나비는 오후 6시 부터 8시 30분까지 행해진다. 발사 회장 앞에는 사지키석, 일반 관람석, 단체 전용석 이 준비되어 있어 모든 자리에는 티켓이 필요하다. 특히 사지키석은 인기가 높아서 발매 당일에 표가 모두 팔린다.

長岡まつり大花火大会 (新潟縣長岡市)

'나가오카 마쯔리'는 크게 전야제, 낮행사, 오하나비 대회로 나누어지며, 8월 1일부터 3일간 니가타현 나가오카시에서 개최된다. 1일 저녁에 전야제를 시작해서 2일과 3일 낮에는 낮행사가, 저녁에는 '나가오카 오하나비 대회'가 열린다.

도쿄의 하나비 대회

隅田川花火大会 (스미다강 하나비 대회)

스미다강 하나비 대회는 스미다강변(아사쿠사, 무코지마 주변)의 하천 부지에서 매년 7월 마지막 토요일에 개최된다. 해마다 100만 명 가까운 인파가 몰리는 이 하나비 대회는 사쿠라교 하류에서 고토토이교 상류까지의 제1회장과 코마가타교 하류에서 우마야교 상류의 제2회장을 합쳐 약 2만 발의 하나비를 쏘아 올린다. 이 광경은 '테레비 도쿄'에서 독점으로 방

송한다. 2007년에는 30주년을 기념해서 예전보다 2천 발이나 더 많은 하나비를 사용했다. TV 프로그램은 회장 주변에 본사가 있는 아사히 맥주가 메인 스폰서를 하고 있어서 '아사히 맥주 스페셜'이라고 제목을 붙여 방송한다. 므흣한 아사히 맥주의 캠페인걸도 구경할 수 있고, 마지막에는 아사히 맥주 제품이 당첨되는 시청자에게 선물도 준비하고 있다.

多摩川花火大会 (타마가와 하나비 대회 - 世田谷區 川崎市)

'세타가야구 타마가와 하나비 대회'와 '카와사키 시제 기념 타마가와 하나비 대회'는 도쿄도 세타가야구와 카나가와현 카와사키시 타카츠구에 있는 쌍둥이다리 부근의 타마가와 하천 부지에서 열리는 하나비 대회다. 매년 8월 세 번째 토요일 7시쯤에 개최된다. 두 대회는 다른 대회였지만 개최 장소가 인접하고 있어서 1994년 이후로는 동일 개최를 하고 있다. 각 대회 약 6천 발씩 총 12,000발의 하나비를 쏘아 올리고, 해마다 두 지역을 합쳐 약 60~70만명의 인파가 몰린다.

東京湾大華火祭 (도쿄만 대하나비제)

도쿄만 대하나비제는 매년 8월 두 번째 토요일에 개최된다. 도쿄항의 하루미 부두 공원과 하루미 부두 앞바다 대선으로부터 약 12,000발의 하나비가 발사된다. 도쿄항에서 발사되는 하나비를 회장 밖에서도 볼 수 있지만, 대규모 교통규제나 출입제한구역이 설정된다. 특히 오다이바 지구는 후지테레비의 이벤트와 도쿄 빅사이트에서 개최되는 코믹마켓과 겹치는 일이 많아서 상당히 혼잡하다.

4. 일본의 대표 온천마을

하코네 온천 (箱根溫泉 - 카나가와현)

하코네 온천은 카나가와현 아시가라시모군 하코네 마을에 위치하고 있는 온천들의 총칭이다. 하코네 화산의 산기슭에서 산 중턱까지 여기저기에 온천마을이 자리 잡고 있다. 이 부근은 '후지 하코네 이즈노 국립공원'으로 지정되어 있다. 하코네 온천이 알려지게 된 것은 토요토미 히데요시의 오다와라 정벌이 계기로, 거대한 오다와라성을 공격하려고 전국의 무사를 모아 장기간 체류했을 때 무료함을 달래고자 온천에 들어갔다고 한다. 처음에는 '하코네7탕'으로 시작해서 현재는 '하코네20탕'으로 총 20곳의 온천이 있다. 하코네 마을 내에는 온천에 매료되어 온천 입욕을 수업 과정에 넣은 초등학교도 있다. 남녀혼욕을 하는 곳도 있어서 일반 온천처럼 전라로 입욕한다.

http://www.hakone.or.jp

벳푸 온천 (別府溫泉 - 오이타현)

벳푸 온천은 오이타현 벳푸시에 있는 온천으로 원천수와 용출량이 일본 최고이다. 루미다케(쯔루미산)와 약 4km 북쪽에 있는 가란다케(가란산)의 두 개의 화산 동쪽으로 많은 온천이 솟아나온다. 벳푸에는 수질이나 분위기를 달리한 온천이 다양하지만, 그 중 대표적인 8곳을 '벳푸8탕'이라고 부른다. 8곳은 벳푸, 간카이지, 묘반, 간나와, 호리타, 시바세키, 가메가와 온천이다. 벳푸8탕에서는 2001년 3월부터 매년 봄과 가을에 '벳푸8탕 온천박람회'가 열리는데, 이 기간에는 온천은 물론 100가지가 넘는 다양한 체험형 이벤트를 즐길 수 있다.

- 교통편 : JR큐슈 닛포본선 벳푸역, 카메카와역, 히가시벳푸역, 벳푸대학역 하차
http://www.city.beppu.oita.jp

5. 일본라멘 / 중화소바 체인점 Best 5

餃子の王将 (교자노 오우쇼우)

교자의 왕장은 교토에 본사를 둔 중화요리 체인점이지만, 도쿄와 수도권에서는 도쿄라멘 및 다양한 일본식 라멘이 일반 메뉴에 포함되어 있다. 일반적인 중화요리를 저렴하고 간편하게 맛볼 수 있는 곳이다. 하지만, 도쿄 근교에서는 교자(만두)나 일품 등의 요리 가격이 타지역보다 조금 더 비싼 편이다. 도쿄에서 교자가 210엔, 볶음밥이 420엔, 도쿄라멘이 462엔이다. 회원이 되면 5%의 할인과 생일이 있는 달에 1,000엔 상당의 식사를 무료로 제공하는 서비스를 한다. 2005년도에는 본고장 중국에 일본식 중화요리를 역수입하는 형태로 화제가 되기도 했었다.

http://www.ohsho.co.jp

リンガーハット 長崎ちゃんぽん (RingerHut 나가사키짬뽕)

'링거허트 나가사키짬뽕'은 규슈를 중심으로 오사카, 나고야 및 도쿄가 있는 칸토지역까지 매장을 가진 짬뽕 전문점이다. 나가사키짬뽕은 중화요리를 기본으로 해서 나가사키 지역에서 만들어진 요리이다. 나가사키 짬뽕은 보통이 450엔, 스몰이 350엔이고, 교자와 함께 나오는 짬뽕세트가 680엔, 짬뽕세트 런치가 650엔이다. 2007년에는 '나가사키 짬뽕'을 컵면으로 개발해서 현재 편의점을 중심으로 250엔에 판매

중이다. 짬뽕을 파는 곳이라곤 하지만 인테리어나 외관은 패밀리 레스토랑보다 더 예쁘게 꾸며져 있다. 한국의 짬뽕과 한번 비교해보자.
http://www.ringerhut.jp

幸樂苑(코우라쿠엔)

행락원(코우라쿠엔)은 후쿠시마현 코리야마시에 본부를 둔 라면, 소바, 우동 체인점이다. 가격대는 중화소바가 304엔, 미소라멘이 409엔, 돈코츠라멘이 619엔으로, 일본에서 저렴한 라멘을 꼽을 때 가장 먼저 떠오르고, 실제로 사람들이 많이 찾는 일반적인 라멘 가게다. 한국에선 일본라멘이 6~7천 원 정도 하는데, 왜 외국 것들은 한국에만 들어오면 비싸지는 걸까?
http://www.kourakuen.co.jp

天下一品(텐카잇빙)

천하일품(텐카잇빙)은 교토에서 시작한 라멘 전문 체인점이다. '텐이치'(천일)이라고 줄여서 부르는 경우도 많다. 1971년 '키무라 츠토무'라는 사람이 포장마차에서 라멘을 팔았는데, 그의 독특한 라멘 맛이 교토의 학생들에게 많은 사랑을 받아서 현재는 전국에 점포가 퍼졌다.
http://www.tenkaippin.co.jp

スガキヤ(Sugakiya)

스가키야는 나고야에 본사를 둔 라멘과 아이스크림 체인점이다. 주로 '유니'나 '쟈스코', '바로' 등의 쇼핑센터 안 푸드코트에 많이 들어가 있고, 최근에는 놀이공원이나 대학 구내에도 매장이 생기고 있다. 라멘이 280엔, 고기라멘이 350엔, 소갈비 덮밥이 330엔으로 아주 저렴한 편이다. 도쿄권에는 매장이 없고, 나고야권과 오사카권을 중심으로 매장이 위치한다.
http://www.sugakico.co.jp

6. 일본 공휴일

★1월 1일 신년(원단)
모든 국민들은 새해를 축하하고 선조를 존경하며 가정의 안전과 행운을 기원한다. 대부분의 상점과 회사는 1월 3일까지 휴무이다.

★1월 15일(혹은 둘째 주 월요일) 성인의 날
20살 즉, 성인이 된 것을 축하하는 날.

★2월 11일 건국기념일
초대 천황인 진무천황의 즉위를 기념하는 날.

★3월 21일(혹은 20일) 춘분의 날
봄이 오는 것을 축하하는 날로 사람들은 보통 성묘를 하러 간다.

★4월 29일 Green Day
식목일(본래는 소화(昭和)천황이 태어난 날)

★5월 3일 헌법기념일
일본 전후(戰後)의 새로운 평화헌법의 공포를 기념하는 날.

★5월 4일 국민의 공휴일
5월 3일과 5일이 축일이므로 4일도 국민의 공휴일로 해서 연휴로 정함.

★5월 5일 어린이날
전에는 남자아이들의 날이라고 불렸다. 어린이들의 건전한 성장을 기원하고 축하하는 날.

★7월 20일 바다의 날
여름 바다의 개장을 축하하는 날.

★9월 15일 경로의 날
노인들을 존경하는 날.

★9월 23일(혹은 24일) 추분의 날
가을을 맞이하며 성묘하는 날.

★10월 10일(혹은 둘째 주 월요일) 체육의 날
선선한 가을철을 맞이하며 운동을 통해 건강을 찾는 날.

★11월 3일 문화의 날
평화, 자유, 그리고 문화를 가까이 하며 장려하는 날.

★11월 23일 근로감사의 날
농사한 것을 수확하는 감사제의 날.

★12월 23일 천황 탄생일
현 천황이 태어난 날. 이날은 황거(천황이 거처하는 곳)가 일반인에게 공개된다.

*국경일이 일요일과 겹칠 때는 다음 월요일도 공휴일이 된다.
*평일이 공휴일 사이에 올 때는 공휴일이 되며 5월 4일이 이에 적용된다.
　이 기간을 흔히 골든위크(golden week)라고 부른다.

일본 아르바이트와 일본어

1. 도시 아르바이트 완전분석

패스트푸드점

시급	￥800~￥900 (심야)￥1000~￥1150
근무시간	06:00~22:00 사이로, 하루 3시간 이상, 주 1회 이상 일하는 것이 가능.
업무내용	계산대를 담당하는 캐셔나 주방에서 햄버거, 감자튀김 등의 조리. 예전부터 학생이나 젊은 사람들이 주로 하는 아르바이트로, 고등학생이 되면 한 번쯤은 해보고 싶었던 사람도 있었을 것이다. 하지만, 요즘은 젊은 인재가 부족한 탓인지, 중장년의 인재도 활약하고 있다.
일자리	일하고 싶은 마음만 있다면 당장에라도 일할 수 있다. 그러나 Shift제에 의해 1일 근무시간이 3~5시간 단위로 짧은 곳이 많아서 하루에 장시간 일하는 것은 어려울 수 있다.
찾는 방법	거리의 패스트푸드점 각 매장에 아르바이트 모집광고가 붙어 있다. 조금 떨어진 거리에서 일하고 싶은 사람은 구인잡지나 아르바이트 정보 사이트에서 일하고 싶은 동네의 구인광고를 찾으면 된다.
추천 구인 사이트	フロムエーナビ http://froma.yahoo.co.jp

편의점

시급	(아침~22:00)￥800~￥900 (심야)￥1000~￥1150
근무시간	1일 3시간 이상, 주 3일 이상 일해야 한다.
업무내용	카운터에서 상품의 판매, 상품 진열, 청소, 택배의 접수, 공공요금의 접수 등 다양하다. 편의점 회사에 따라 취급하는 상품이나 서비스에 차이가 있다.
일자리	많다.
찾는 방법	매장에 붙어 있는 아르바이트 모집광고를 보고 문의하거나 구인잡지를 통해 찾는다.
추천 구인 사이트	フロムエーナビ http://froma.yahoo.co.jp

커피숍

시급	¥800~¥950
근무시간	1일 4시간 이상, 주 3일 정도나 그 이상.
업무내용	카운터, 각종 커피와 주스, 샌드위치 등의 조리, 재떨이 정리 등.
일자리	최근 저가격 카페의 붐으로 일자리가 많다.
찾는 방법	구인잡지나 구인 사이트
추천 구인 사이트	バイトルドットコム http://www.baitoru.com

중고 책방 체인점

시급	¥800~¥1100
근무시간	1일 5시간 이상, 주 3일 이상.
업무내용	헌책의 판매, 매입, 매입한 책을 전용의 특수한 기계로 예쁘게 닦는 작업 등. 열심히 하는 정도에 따라 시급이 올라가는 시스템(대기업 체인점의 경우). 차를 몰고 출장 매입도 나가므로, 운전면허를 가진 사람도 구한다.
일자리	최근 체인점이 증가함에 따라 일자리도 늘어난다.
찾는 방법	구인잡지 (길거리에서 배포하는 광고신문 등)

규동(덮밥) 체인점

시급	¥900~¥1250 (시간대에 따라 차이 난다.)
근무시간	1일 3시간 이상, 주 2일 이상.
업무내용	카운터 업무, 간단한 조리 등. 마츠야의 경우, 자판기에서 식권을 판매하므로 손님과 돈을 주고받는 일은 없다. 요시노야는 급료를 월 2회 지급하므로 돈이 급하게 필요한 사람을 위한 양심적인 배려라고 할 수 있다.
일자리	비교적 많은 편.
찾는 방법	구인잡지, 구인정보 사이트나 매장의 모집광고 등.

패밀리 레스토랑

시급	￥800～￥1100 (시간대에 따라 차이 난다.)
근무시간	24시간의 교대제로 시간과 요일은 면접 시 상담. 한 명 일하러 나오면 다른 한 명이 쉴 수 있도록, 매장 인원수를 생각하며 각자의 휴식시간을 설정.
업무내용	찬물, 물수건을 손님에게 갖고 가서 주문을 받고, 음식이 완성되면 자리에 가져가고, 식사가 끝나면 자리 정리. 종업원이 많지 않은 곳에서는 바쁘게 움직여야 할 때가 많다. 장점은 함께 일하는 사람들도 비슷한 또래의 학생들이고, 손님도 젊은 층이 많아서 친구 사귀기에 좋다. 식사를 저렴하게 먹을 수 있다.
일자리	적지는 않다.
찾는 방법	구인정보 사이트나 구인잡지, 매장의 모집광고 등.
추천 구인 사이트	バイトルドットコム http://www.baitoru.com

★일본어를 Up↑ 시켜주는 인기 TV프로그램 10★

메차이케(めちゃイケ)

정식 타이틀은 'めちゃ2イケてるッ'이며 코미디 버라이어티 프로그램으로 1996년부터 방송했다. 현재 후지테레비에서는 톤네루즈가 진행하는 '미나상노오카게데시타'와 함께 장기간 동안 가장 시청률이 높다. 개그콤비 '나인티나인', '요우코', '오아시즈'와 배우 '카토코지', '히나가타 아키코', '스즈키 사리나', '다케다 신지'가 고정으로 출연한다. 코미디 프로그램답게 다양한 코너로 구성되어 있다.

(방송 : 후지테레비. 매주 토요일 저녁 7:57～8:54)
http://wwwz.fujitv.co.jp/MECHA

2. 아르바이트 일본어 (バイト言葉)

한국에서도 패밀리 레스토랑에 가면 전화 안내원 같은 목소리로 평상시 사용하는 것과는 조금 다른 말투로 메뉴를 소개하고 주문을 받는 직원들이 있다. 일본은 화미레스뿐만 아니라 편의점이나 이자카야 등 많은 종류의 가게에서 아르바이트 용어를 사용하고 있고, 회사에서도 직장에서 많이 쓰이는 경어들을 자주 사용한다.

1. 명사 + の + ほう(方) : ~쪽(분)은

> **ガムシロップのほうはお付けしますか?**
> 껌시럽(쪽)은 넣을까요?
>
> **グラスのほうはいくつお持ちしますか?**
> 컵(쪽)은 몇 개를 가져올까요?
>
> **お席のほうにご案内します。**
> 자리 쪽으로 안내하겠습니다.

예문에서 のほう를 모두 없애도 의미가 통하고, 한국어로는 のほう를 굳이 해석하지 않는 것이 자연스러울 때가 많다. 하지만, 가게에서는 말이 직설적이지 않고 딱딱하지 않게 하려고 のほう를 즐겨 사용하는 듯하다.

ひらがなカタカナひらがなカタカナひらがなカタカナ

2. 명사/금액 ＋ になります : ~이 됩니다(입니다)

> **525円になります。**
> (계산대에서) 525엔이 됩니다.
>
> **お待たせしました, エビドリアになります。**
> 기다리게 해서 죄송합니다. 새우 도리아입니다.
>
> **メニューになります。**
> 메뉴입니다.
>
> **禁煙席になります。**
> 금연석입니다.
>
> **お買い得となります。(お買い得となっています)**
> 특가에 제공해드리는 것입니다.
>
> **こちらになります。**
> 이쪽으로 오세요.

가게에서는 주로 ~になります(~이 됩니다)라고 말하지만, 한국어로는 ~입니다(です)라고 해석하는 것이 더 자연스럽다. 그리고 가게에서 '~입니다'라고 하지 않고, '~이 됩니다'라고 말하는 것에는 말하는 이의 책임을 줄이려는 뉘앙스도 없지 않아 있다.

3. お預かりします. : 맡겠습니다(받았습니다)

> 손님   **これください。**
>   이거 주세요.
>
> 점원   **1000円になります。**
>   천엔입니다.
>
> 손님   **はい。**
>   여기요.
>
> 점원   **1000円お預かりします。**
>   천엔 받았습니다.

원래는 ~円(を)頂戴します(~엔을 받았습니다)라고 해야 맞는 표현이지만, 가게에서는 주로 ~円(を)お預かりします(~엔을 맡겠습니다)라고 말을 한다. 손님으로부터 얼마를 일단 맡아서 그 돈으로부터 다시 거스름돈을 내주겠다는 의미를 포함하고 있다.

4. 금액 + から : (금액)으로

> **1万円からお預かりします。**
> 만엔을 먼저 받았습니다.
>
> **1万円からでよろしいですか？**
> 만엔으로 계산해드릴까요?
>
> **945円ちょうどからお預かりします。**
> 945엔 정확히 받았습니다.

계산대에서 돈을 받을 때「~円(を)お預かりします」라고도 하지만,「~円からお預かりします」라고 하는 곳이 많다. 손님 중에는 자신이 가진 잔돈을 줄이고 거스름돈을 지폐로 받기 위해서, 계산을 할 때 큰 지폐를 내고 다시 잔돈을 맞추어 내는 사람들이 있다. 이런 경우 계산대에서 지폐만 받고 바로 잔돈으로 거스름돈을 내줘버리면 손님이 무안해질 것이다. 그래서 계산대에서는 '얼마를 우선 받았습니다' (이걸로 계산해 드릴까요?)라는 의미로 から를 사용한다고 한다.

5. よろしかったでしょうか？ : (~로) 괜찮으세요?

> **コーヒーでよろしかったでしょうか？**
> 커피로 괜찮으세요?
>
> **1000円からでよろしかったでしょうか？**
> 천 엔으로 계산해 드리면 되겠죠?
>
> **お箸は1膳でよろしかったでしょうか？**
> 젓가락은 한 벌만 있으면 괜찮으세요?
>
> **デザートのほうはよろしかったでしょうか？**
> 디저트는 괜찮으세요?(필요 없나요?)

현재 일어나는 일에 대해 마치 지난 일처럼 과거형으로 말한다. 원래는 현재형으로 よろしいでしょうか라고 해야 바른 표현으로, 한국어로 해석하기도 애매한 말이다. 일부에선 부자연스럽다거나 점원이 허가를 구하듯이 말해야 하는 상황에서 손님에게 확인을 요구하는 듯한 뉘앙스로 들린다고 이 표현을 싫어하는 사람들도 있다.

6. いらっしゃいませこんにちは。: 어서 오세요. 안녕하세요.

いらっしゃいませ(어서 오세요)만이 아니라, こんにちは(안녕하세요)나 こんばんは 같은 인사 말을 붙이는 것은 'Denny's' 등의 미국에서 온 패밀리 레스토랑 메뉴얼의 영향이 크다. 일본에 체인을 전개할 때 그 메뉴얼이 일어로 번역되면서 인사 항목도 채용되었다고 한다. 비슷한 표현으로 ありがとうございますまたお越しくださいませ。(감사합니다. 또 오세요.)도 있다.

7. お待ちいただく形になります。: 대기하는 형태가 됩니다.

> 少々お待ちいただく形になりますが、よろしいですか？
> 조금 대기하는 형태가 되는데 괜찮으시겠어요?
>
> ただ今(ですと)30分ほどお待ちいただく形になります。
> 지금 정도면 30분 정도 대기하게 됩니다.

「～する形になる」라고 하는 표현 자체는 예전부터 있던 것이다. 혼잡한 레스토랑 등에서 손님을 기다리게 해야 할 때 대기시간을 전하는 표현으로 주로 사용한다. 직설적으로 얘기하는 것은 무례하다고 생각하는 일본인들이기에 '기다려야 합니다'가 아니라, '대기하게 됩니다'라는 식으로 말하는 것이다.

8. (～)お返しになります。: ~입니다(~를 돌려드리는 것이 됩니다)

> レシートのお返しになります。
> 영수증입니다.
>
> 100円のお返しになります。
> 잔돈 100엔입니다.
>
> 釣銭とレシートのお返しになります。
> 거스름돈과 영수증입니다.

계산대에서 손님에게 잔돈이나 영수증을 줄 때 お返しになります라고만 말하기도 하고, 이 표현 앞에 금액이나 영수증을 붙여서 사용하기도 한다. 참고로 계산대에서 돈을 낼 때 기계에서 자동으로 찍혀나오는 것은 レシート(receipt)라고 부르고, 종이에 영수 금액을 따로 써서 주는 것은 領収書(りょうしゅうしょ)라고 한다. 한국어로 하면 둘 다 영수증이지만, 일본에서는 이렇게 2가지를 확실히 구분해서 사용한다는 것 알아두자.

9. お召し上がりですか? : 드시고 가세요?

패스트푸드점에서 사용하는 말로 '여기서 드세요? 가지고 가세요?'라고 길게 묻지 않고 보통 お召し上がりですか?라고만 하면 된다. 반대 표현이라면 お持ち歸りですか?(가지고 가세요?)라고 하면 되겠다. 덤으로 외국 손님이 온다면 'For here or to go?'

10. 温めますか? : 데워드릴까요?

편의점에서 손님이 데워먹는 음식을 구입할 때 점원이 물어보는 표현이다.

3. 일본 신문 장학생

일반적인 일본 어학연수(유학)는 한국에서 약 6개월치의 학비를 미리 내고, 최소 몇 달 정도는 버틸 수 있는 생활비와 방값을 가지고 일본으로 가야 한다. 반면 신문 장학생은 일본 신문사로부터 학비와 숙식을 제공받기 때문에, 돈이 하나도 없어도 바로 일본으로 가서 공부할 수 있다는 것이 특징이다. 하지만, 아침에 잠깐 신문을 돌리는 한국과는 달리 일본에서는 광고지 삽입, 신문 배달, 수금 등 깨어있는 동안 학교수업을 제외하고는 거의 온종일 신문사 일에 매달려야만 한다. 시간의 노예로 불릴 정도의 중노동이라고 할 수 있기 때문에, 체력에 자신이 없는 사람은 차라리 한국에서 돈을 모아서 일본으로 가는 것이 나을 것이다. 신문 장학생에 관심이 있는 사람은 포털 사이트에서 '신문 장학생'이라고 검색해보자. 이것만을 전문으로 담당하는 곳도 있고, 일반 유학원에서 이 업무를 함께 보는 곳도 있다. 아래의 홈페이지는 일본 신문 장학생을 소개하는 사이트로 아사히, 요미우리, 마이니치 등 각 신문사 장학회의 홈페이지가 링크되어 있다.

신문 장학생 NAVI   http://bzl.s58.xrea.com

신문 장학생의 하루일과

새벽 2시 30분 → 기상해서 전날에 준비한 광고지를 신문에 끼운다.
　　　3시　　→ 조간신문의 배달을 시작하고, 7시쯤 배달이 끝나면 아침 식사 후 학교에 간다.
　　오후 3시　→ 판매점으로 돌아와 석간신문을 배달한다.
　　　　　　　조간보다 신문이 얇고 광고지도 거의 없어서 1~2시간 만에 배달이 끝난다.

*월말에는 석간 배달 후 수금 업무를 해야 한다. 법적으로 문제없이 수금 재촉을 할 수 있는 시간대가 오전 9시 부터 저녁 8시 사이지만 고객의 사정에 따라 심야에 수금하는 때도 있다. 휴일 외에 하루 중 자유시간을 꼽는다면 수금이 없는 날 오후 6시 부터 취침하는 9시까지라고 할 수 있다.

휴일

신문사에 따라서 규정이 다르지만, 대체로 월 6일의 휴일이 기본이다. 휴일은 조간신문의 배달이 없는 날이고, 일요일이나 경축일에는 석간신문의 배달이 없다.

주거 · 식사

신문사의 기숙사에 입주했을 경우에 방세는 필요 없다. 광열비 · 수도세는 매월 일정 기본료를 급료로부터 공제한다. 식사는 판매점 제공의 경우와 그렇지 않은 경우가 있는데, 판매점이 식사를 제공하지 않는 경우는 급여에 식대가 함께 나온다. 기숙사는 판매점 측이 빌린 아파트를 기숙사로 사용하는 경우도 있고, 판매점의 위층이 기숙사로 되어 있는 경우도 있다.

급료

월급은 신문사에 따라서 다르지만 대체로 11만엔~13만엔 정도이다. 실제로는 여기에서 생활비가 빠지고 9만엔 전후의 금액을 받게 된다. 일본에서 월 9만 엔을 번다고 하면 힘든 일에 비해 상당히 적은 돈이라고 여겨질 수도 있겠지만, 학비와 숙식비 등을 신문사에서 부담하기 때문에 적은 돈이라고 할 수는 없다.

수금

주로 월말 25일경부터 말일까지 자신이 배달하고 있는 구역의 수금을 한다. 할당량은 판매점의 규정에 의하지만 대체로 80% 이상의 수금을 달성할 필요가 있다. 수금 시 고객에게 세제, 티슈, 영화 · 미술전 등의 티켓 등을 서비스로 제공하는 경우가 많다.

귀국하기

1. 귀국 준비

귀국 준비의 마지막은 짐을 싸는 것이겠지만 그보다 앞서 해야 될 일이 일본에서 나와 관련이 있었던 모든 사람들에게 한국으로 돌아간다는 사실을 알리는 것이다. 친구뿐만이 아니라 집주인, 아르바이트의 책임자, 학교의 담당자 등. 그리고 한국에 있는 가족과 친구들을 위해 기념품을 사는 것도 잊지 말자.

주거해약 및 보증금 반환

주거를 해약할 때에는 적어도 한 달 전에는 부동산에 통지를 해두어야 한다. 귀국일을 얼마 남겨놓지 않고 통지를 했다가 한 달치의 방세를 더 내야 하는 경우가 발생할 수도 있으므로 미리 통지하도록 하자. 해약에 관한 수속 및 절차는 입주 시 계약을 담당했던 부동산에서 하니까 부동산에서 해약신청서를 작성하고 이사날짜를 알려주어 그날까지의 방세를 일수 단위로 계산해 정산하면 된다.

주거해약이 끝나면 입주 시 지불한 보증금에서 수리비와 청소비를 제외한 금액을 돌려받게 된다. 그러나 이 돈은 이사를 마친 후 부동산에서 집 내부를 조사하고 어느 정도의 수리와 청소가 필요한지를 판단한 후 금액을 돌려주기 때문에 송금을 받기까지는 적어도 약 한 달 정도의 시간이 소요된다.

★귀국준비

국민건강보험 : 최소 한 달 전에 구청에 방문하여 귀국 사실을 통지해둔다.
가스/전기/수도 : 귀국일의 일주일에서 최소 2~3일 전에는 통보해서 귀국 전에 요금정산을 마무리 짓는다.
인터넷 해약 : 모뎀 반환 등 절차상 시간이 필요하므로 최소 한 달 전에 통지해둔다.
전화/휴대폰 : 가까운 대리점에 방문하여 귀국일정을 통지하고 출국 전에 요금을 정산한다.
일하던 곳 : 늦어도 한 달 전에는 귀국에 대한 일정을 통지한다.
우편물 : 주위의 가까운 친구나 지인에게 부탁하여 대신 받을 수 있게 처리해둔다.
일본에서 알고 지냈던 사람들 : 반드시 귀국에 대해 알리고 돌아오자.

이사짐 싸기

이삿짐을 쌀 때 짐이 많으면 배편으로 보낼 물건, 항공편으로 가져갈 물건, 버릴 물건, 남에게 줄 물건 등으로 구분해서 정리하는 것이 좋다. 버릴 물건 중에 가구나 가전제품 등 부피가 큰 대형 쓰레기가 있을 경우에는 먼저 구청에 연락해서 요금과 수집일 등을 정해야 한다.

★일본어를 Up↑ 시켜주는 인기 TV프로그램 11★

오사마노브런치(王様のブランチ)

'유카'와 '타니하라 쇼스케'의 사회로 4시간 반 동안 2부로 나누어 방송하는 초대형 정보 버라이어티 프로그램이다. 도서, 여행, TV, 영화, 맛집, 쇼핑 등 각종 순위와 새로운 정보에 대해 소개한다. 사회자 외에도 7명의 고정 출연자들과 15명의 여성 리포터가 있다. 토요일 낮에 방송하니까 집에서 편히 쉬면서 다양한 분야의 유익한 정보를 얻는 것도 나쁘지 않겠지.

(방송 : TBS. 매주 토요일 오전 9:30~14:00)
http://www.tbs.co.jp/brunch

2. 출국수속

출발 2시간 전에

1. 체크인
공항에 도착하면 출발 로비의 체크인 카운터에서 이용 항공사를 확인한 후에 지정된 카운터에서 항공권과 여권을 제시하고 보딩패스를 받는다. 탑승시간과 출발게이트 번호의 확인도 잊지 말자.

2. 보안체크
납치방지를 위한 수하물검사와 보디체크. 직원의 지시에 따라 기내반입 수하물을 X선 검사하고 금속탐지 게이트를 통과한다.

3. 세관수속
100만엔 상당액을 초과하는 현금 등을 소유하고 있을 경우에는 소정의 수속을 밟는다. 면세점(Duty Free)에서 구입한 수출면세품을 휴대하여 출국할 경우에는 구입면세점에서 받은 '수출증명 신청서' 2통을 출국 세관 카운터에 제출하고 현품을 제시한다. 세관의 증명이 없으면 나중에 구입 면세점으로부터 세금 상당액을 청구받게 된다.
나리타 세관 지서(상담관) 0476-34-2128
http://www.customs.go.jp

4. 출국수속
출국심사 카운터에서 여권, 보딩패스, Embarkation card(출국기록카드)를 제시한다.
동경이민 사무 나리타공항 출장소 0476-34-2222
http://www.immi-moj.go.jp

5. 탑승

보딩패스에 기입된 탑승시간과 출발 게이트 번호를 확인하고 탑승구에는 여유 있게 도착하자.

★환전(나리타공항)

터미널 내에 은행 및 환전소가 있으므로 도착 및 출발 시에 부담없이 이용하면 된다.

은행
도쿄 미쯔비시은행 : 제 1터미널 중앙빌딩 4층
　　　　　　　　　　제 2터미널 본관 2층
　　　　　　　　　　일반 은행업무 9:00~15:00(휴점 : 토, 일, 공휴일)
　　　　　　　　　　외화 환전업무 9:00~18:00(연중무휴)

환전소
제1터미널 북쪽 윙 : 4층 출발 로비-2개소,
　　　　　　　　　　3층(출발 루트 : 세관 검사 후)-1개소
　　　　　　　　　　1층 도착 로비 2개소
제2터미널 본관 : 3층 출발 로비-4개소
　　　　　　　　　본관 3층 및 새틀라이트 3층
　　　　　　　　　(출발 루트 : 세관 검사 후)-각 1개소
　　　　　　　　　본관 1층 도착 로비-4개소

※ 환전소에 따라 영업시간, 환율, 취급 외화의 종류가 다른 경우가 있다.
※ 그 밖에 각종 신용카드 현금서비스기도 있다. 자세한 사항은 ❓마크의 안내소에 문의한다.

★우체국
보안체크 이후에는 우체국 및 우편 포스트가 없다. 우편물은 미리 부치도록 한다.

나의 일본 체험기

> **모아진**
> 목포대 일어일문학과 재학 중 일본 유학
> 2007년 11월 EJU(일본유학시험)의 일본어 부문에서 393점 취득
> (400점 만점으로 응시자 19,499명 중 최고 득점)

1. 나의 일본 아르바이트

저는 도쿄에서 8개월간 생활하면서 아르바이트를 세 곳에서 했었답니다. 일본식 야키니꾸와 한국인 사장님이 운영하는 한국어교실 그리고 일본의 유명 패스트푸드점(모스버거)에서요. 아르바이트를 구할 때는 동유모(동경유학생 모임)나 기타 유학생 카페에서 구할 수도 있지만, 그런 경우 썩 내키지 않는 일이나 거리가 너무 멀어서 불편한 아르바이트를 해야 할 때가 많아요. 게다가 한국 사람들이 운영하는 곳이 많고요. 한국인이 운영하는 곳이 나쁘다는 뜻은 아니지만, 나중에 일의 내용이나 근무시간이 바뀔 수도 있고 무엇보다도 일본에 왔으니 일본 사람들과 함께 일을 해본다는 것에 의미가 있다고 생각합니다.

제가 처음에 일한 곳은 소문의 다른 야키니꾸들처럼 힘들고 어려운 그런 일을 시키는 곳은 아니었습니다. 점장님이나 같이 일하는 일본 분들이 굉장히 친절하고 저에게도 잘해 주셨어요. 문제는 첫 일자리라 그곳이 좋은 곳인지도 모르고 금방 그만뒀다는 것이죠.^^; 보통 야키니꾸에서의 시급은 1,000엔 정도 하구요. 10시(22시)나 11시(23시)이후로는 1,150엔에서 1,500엔까지 가게에 따라 다르지만 야간 수당이 올라간답니다. 그러니까 "야키니꾸도 그냥 고기집일뿐이야!"라고 무시하면 안 되겠죠.

일본은 'Shift제'라서 그 주에 일할 수 있는 시간이나 요일을 정해야 합니다. 매니저나 점장님과 상담하거나 일본어가 부족하다면 종이에 간단히 적어서 내면 되요. 또, 알아둬야 할 것이 만약 첫 달 일을 시작한 것이 15일이나 20일쯤이라면 그 달 월급은 나오지 않고 그 다음 달에 합해서 나오는 경우가 많아요. 처음 일할 때는 가게에서 정해진 트레이닝 기간이

있어서 예를 들어 시급이 900엔이라면 연수기간에는 850엔이나 800엔 이런 식으로 계산되는 경우도 있어요. 하지만, 100% 그렇다는 것은 아니고, 일하는 가게에 이런 트레이닝 제도가 있느냐 없느냐에 따라 다릅니다.

함께 일하는 일본 언니들을 보면 항상 방긋 웃는 얼굴에 애교가 넘쳐서 배울 점이 참 많답니다. 저와 함께 일한 사람들은 다들 나이가 대학생이나 20대 중후반 정도여서 한국인으로서 차별 같은 것도 받은 적이 없었던 것 같아요. 손님들도 주문하다가 한국인 유학생이냐고 물어보면서 한국을 아주 좋아한다며 갑자기 가방에서 센베를 꺼내주시는 분들도 있었어요.ㅎ

두 번째 아르바이트, 한국어 강사

선생님이란 말에 끌려서 지원하게 됐는데, -참고로 유학생 사이트에서 발견한 아르바이트- 일의 내용이 계속 바뀌고, 너무 적은 월급 때문에 한 달도 안 되어 그만두게 되었답니다. 이게 저의 최초이자 마지막인 한국인 사장님 밑에서 일한 경험이네요.

마지막으로 패스트푸드점

일본어 회화가 특기인 저는 바로 카운터에서 일하게 되었고 그 곳 특성상 서빙도 열심히 했답니다. 이곳에서 일본 고등학생들과도 많이 친해지고, 사람들과의 관계에 대해서도 진지하게 생각하게 되는 계기가 되었던 것 같아요. 이때는 워낙 아르바이트를 오래 해서 너무 힘들고, 많이 지쳤다는 생각밖에 안 드네요. 카운터에서 일할 때는 말을 정말 빨리 해야 하고 지폐 방향을 다 한 방향으로 통일시켜 건네줘야 하는 것, 또 일본에서는 할머니, 할아버지 분들도 패스트푸드점을 많이 이용한다는 것도 알아두면 일의 적응이 빠를 거예요. (제 명찰을 보고 어느 나라 사람이냐고 물어보는 분들이 많았답니다.)

이 모든 아르바이트에서 주의해야 할 점은 급료를 받을 때 주급봉투에 넣어서 주는데 자신이 일한 시간과 급료가 맞는지 한번 확인해보는 게 좋을 거예요. 또 다르다면 당연히 윗사람에게 물어봐야 하구요. 그리고 아르바이트를 구할 때 일본유학 사이트보다는 편의점이나 가게 앞에 놓여있는 구인구직 잡지 town work(무료) 등을 추천합니다. (종류가 두세 가지 있을 거에요.) 잡지를 보면 지역(구), 시급, 기간, 주말, 업무내용 등으로 나뉘어 있어서 잘 찾아보면 집 근처에서 원하는 일을 찾을 수도 있답니다.

일본에서는 그냥 가게 앞에 아르바이트 구함이라고 붙어있고, 자신이 가게 바로 앞에 서 있더라도, 꼭 전화를 해서 전화로 면접 날짜를 잡고 가는 것이 예의인데요. (전화바ㅜㅜ) 타운워크에서 괜찮은 곳을 확인하고 전화해 보는 것이 발품 안 팔아도 돼서 좋은 것 같아요. 물론 야후 재팬에서 검색해서 찾아도 괜찮아요. 자신의 연락처(전화번호, 메일주소)를 써넣으면 지원했던 가게(회사) 쪽에서 연락이 온답니다.

2. 일본에서 일본인 친구 사귀기

막상 일본에서 생활을 해도 특정한 집단에 소속되지 않는 이상 친구를 사귀기는 어려운 것 같아요. 제가 아는 사람 중에도 일본에 체류한 지 1,2년이 되었지만 일본인 친구가 한 명도 없는 사람들이 많거든요. 한국인 기숙사에 살며 일본어학교에 다니고 한국인 가게에서 아르바이트만 하다보면 어쩌면 당연한 건지도 모르겠어요. 게다가 검정색과 회색 옷을 즐겨 입는 도쿄 멋쟁이들 특유의 냉정함과 자기중심적인 분위기가 여간해서는 "나 외국인인데 친하게 지내요~"라는 훈훈한 분위기를 받아주지 않지요. 저 같은 경우는 한국에 있을 때부터 'skype'를 통해 일본인 친구를 사귀고 회화연습도 했답니다.

일본생활을 준비하는 분들께 일본 친구를 사귈 수 있는 몇 가지 팁을 드릴게요. 먼저 skype인데요. 무료에다가 음성채팅이 가능하고, 많은 사람을 만날 수 있죠. 물론 이상한 상대는 한방에 블랙리스트에 올릴 수 있어서 더 좋아요. 이제는 너무 유명해져서 많은 사람들이 알겠지만 외국인 친구를 만들기에는 아주 좋은 메신저랍니다. ^-^

다음은 mixi에요. 우리나라의 싸이월드나 블로그와 비슷한데 일본 젊은 이들이 가장 많이 사용하는 커뮤너티 사이트에요. (굳이 컴퓨터 앞이 아니라도 휴대전화로 접속해서 바로바로 글 올리는 사람들도 있을 정도...) 자신의 일기, 리뷰, 커뮤너티 메세지 등등 상대방과 여러 커뮤니케이션을 교환할 수 있는 곳이랍니다. 일본의 최신 유행 이슈부터 내 친구의 사소한 고민까지 속속들이 알 수 있어요. 단지 흠(?)이 있다면 mixi에 등록하려면 친구의 등록 추천 메일이 필요하다는 것.

유학생활의 외로움에서 불안하고 고통받을 때 의지할 수 있고 격려해줄 수 있는 것은 친구랍니다. 모처럼의 외국생활에서 얻을 수 있는 가장 소중한 것은 인연 아닐까요. 모두 성공적인 일본생활이 되도록 열심히 노력해요.~

나의 일본 체험기 2

국향희
일본 어학연수 중

일본을 여행했던 것이 강한 인상으로 남아 결국 일본 어학연수를 결심하게 되었습니다. 일본으로 가기 6개월 전 일본어학교와 기숙사를 결정하면서 하루라도 빨리 일본에 가고 싶은 마음으로 가슴 설레던 때가 생각납니다.

처음 일본에서의 한 달 동안은 외국인등록증, 휴대전화, 통장 만들기 등으로 정말 빠르게 지나갔어요. 외국인등록증과 통장을 만들면서 일본의 공공기관은 정말 철저히 세분화되어 있고, 뭐 하나 만들려면 엄청 시간을 투자해야 한다는 것을 알았습니다. 우리나라에서는 통장 하나 만드는데 5분이면 될 것 같은데 일본에서는 30분이나 기다렸으니까요. 직원의 설명 하나하나 체크하면서 통장이 만들어지고, 카드는 보름 정도 후에 우편으로 배달된다니 한국에서는 경험할 수 없는 인내심이 요구되더라고요.

일본에 오기 전 일본은 물가가 엄청 비쌀 것으로 생각했는데, 막상 일본에 살아보니 커피값, 음식값 등 한국보다 훨씬 싼 것이 한둘이 아니란 것에 깜짝 놀랐습니다. 스파게티나 피자 같은 양식 종류가 특히 저렴하고, 일본에는 한국의 뷔페 같은 개념의 食べ放題(타베호다이)란 것이 있어서 저렴하게 맘껏 먹을 수 있어서 좋아요.

일본어학교에서 일본어를 배우면서 흥미로운 점은 한국이 아닌 다른 나라의 친구들과 서툰 일본어로 대화하는 거에요. 저는 타이완에서 온 친구와 친해져서 일본어로 함께 대화를 하면서 그 친구의 나라인 타이완에 대해서도 알게 되었고, 중국인 친구를 보면서 중국어에도 관심이 생겼답니다.

일본에는 외국인을 위한 보란티아 프로그램이 정말 잘 짜져 있습니다. 가까운 구약쇼나 문화센터에 가서 어떤 것들이 있는지 알아보세요. 자신에게 맞는 프로그램을 선택해서 참가하면 무료로 일본어도 배우면서 다른 나라의 친구들도 많이 사귈 수 있습니다.

일본에 있으면서 또 느낀 것이 잠깐 오는 여행과 계속 생활하는 것은 완전히 다르다는 것입니다. 외국인으로서 일본인의 생활패턴에 맞춰나가는 것이 까다롭지만, 항상 신경 써야 하는 일인 것 같아요. 예를 들어 일본은 구마다 쓰레기를 분류하는 기준도 다르고, 버리는 요일도 모두 달라서 쓰레기를 잘못 내놓으면 가져가지도 않으니까요.

어학연수는 정말 자기 하기 나름이라는 말이 딱 맞는 말인 것 같습니다. 스스로 얼마나 관심을 갖고 많은 경험(보란티아, 아르바이트, 취미활동 등)을 하고, 열심히 공부하느냐에 따라서 일본어 능력이나 얻을 수 있는 것들이 달라지니까요. 일본에서는 커피숍에서 커피를 하나 주문하는 순간에도 느끼고 생각하게 되는 것들이 있고, 일상에서의 행동 하나하나가 모두 공부가 되는 것 같습니다. 일본에 오면 일본인들의 생활을 지켜보며 배울 것은 배우고, 일본에서 해볼 수 있는 많은 경험을 해보셨으면 좋겠습니다.

도쿄, 오사카 중심부 지도 & 주요 도시 전철노선

신주쿠

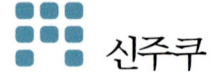

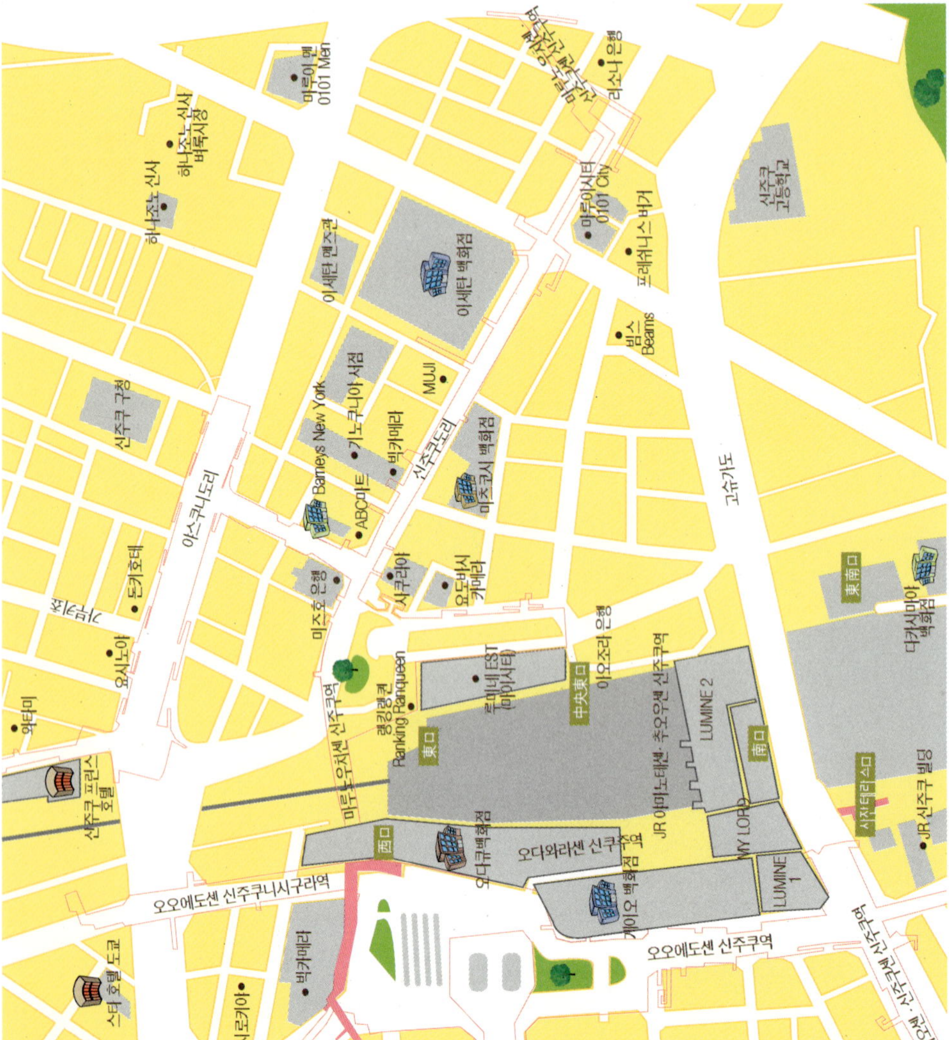
마루이 멘
0101 Men
하나조노 신사
이세탄 멘즈관
이세탄 백화점
마루이시티
0101 City
프레쉬니스 버거
리소나 은행
빔스
Beams
신주쿠 고등학교
MUJI
기노쿠니야 서점
Barneys New York
빅카메라
신주쿠도리
미츠코시 백화점
ABC마트
신주쿠 구청
야스쿠니도리
돈키호테
가부키초
요시노야
와타미
미즈호 은행
사쿠라야
요도바시 카메라
루미네 EST
(마이시티)
아오조라 은행
랭킹랭퀸
Ranking Ranqueen
東口
中央東口
고슈가도
東南口
다카시마야 백화점
신주쿠 프린스 호텔
마루노우치센 신주쿠역
JR 야마노테센·주오우센 신주쿠역
LUMINE 2
南口
JR 신주쿠 빌딩
오다큐백화점
西口
오다와라센 신주쿠역
MY LORD
게이오 백화점
LUMINE 1
오오에도센 신주쿠니시구치역
오오에도센 신주쿠역
게이오센·신주쿠센 신주쿠역
빅카메라
스타 호텔 도쿄
시로키야
엘 타워
주오도리
도고 세이지 미술관

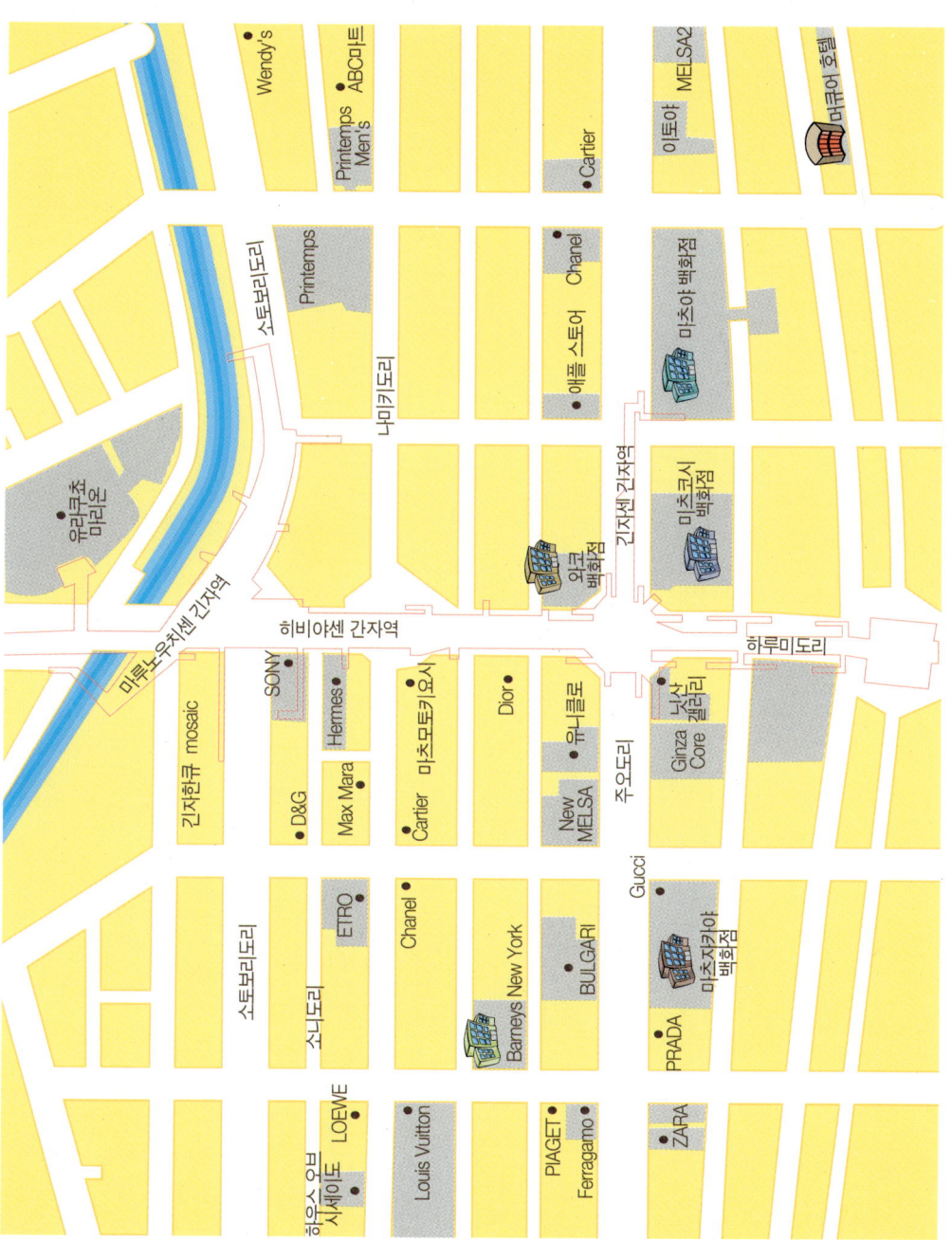

시부야

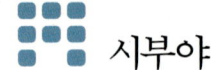

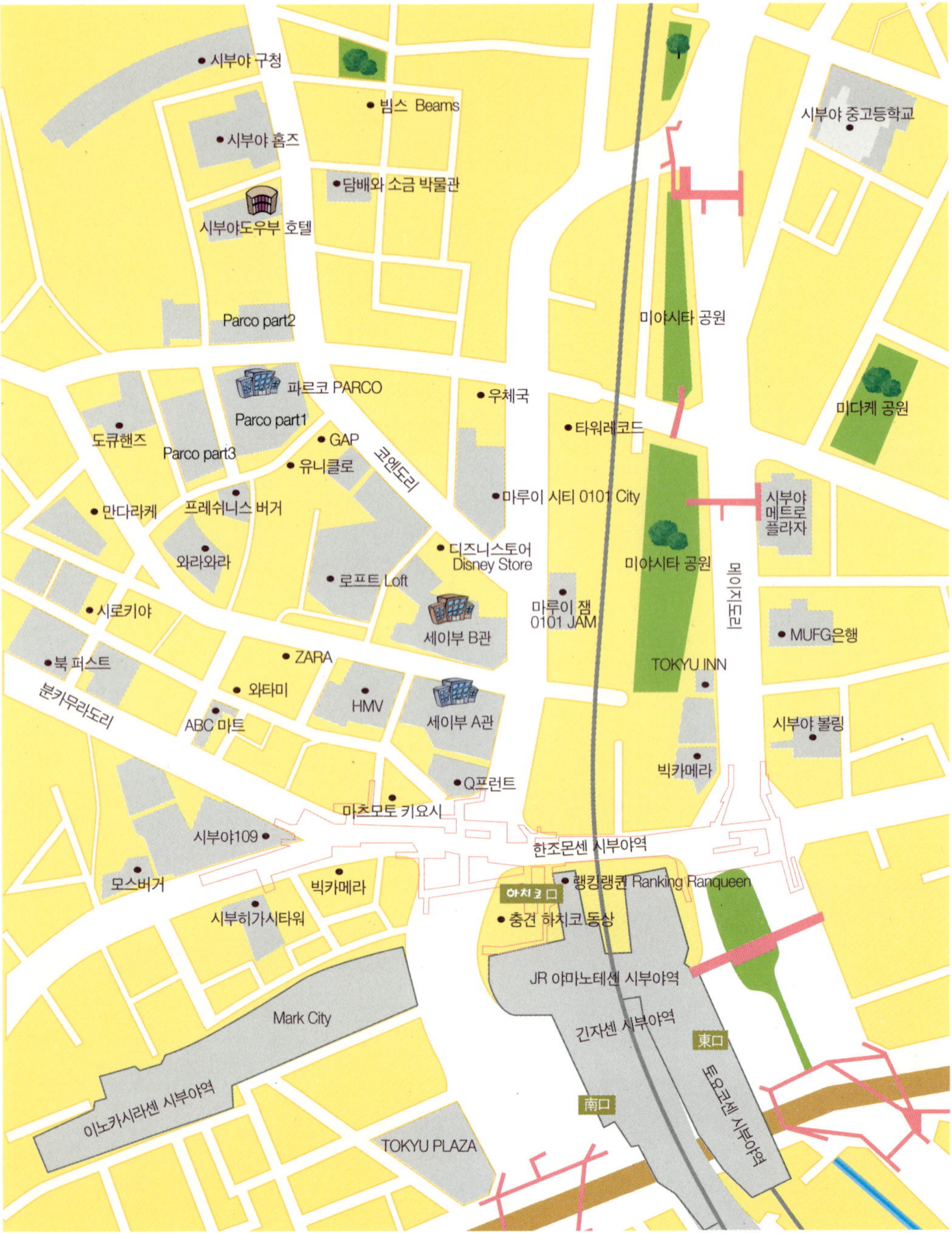
시부야 구청
빔스 Beams
시부야 홈즈
담배와 소금 박물관
시부야도우부 호텔
Parco part2
시부야 중고등학교
미야시타 공원
파르코 PARCO
Parco part1
우체국
미다케 공원
도큐핸즈
Parco part3
GAP
타워레코드
유니클로
코엔도리
마루이 시티 0101 City
만다라케
프레쉬니스 버거
시부야 메트로 플라자
와라와라
디즈니스토어 Disney Store
미야시타 공원
로프트 Loft
메이지도리
마루이 잼 0101 JAM
시로키야
세이부 B관
MUFG은행
북 퍼스트
ZARA
TOKYU INN
와타미
분카무라도리
HMV
세이부 A관
시부야 볼링
ABC 마트
빅카메라
Q프런트
마츠모토 키요시
시부야109
한조몬센 시부야역
모스버거
빅카메라
랭킹랭퀸 Ranking Ranqueen
하치코 口
충견 하치코 동상
시부히가시타워
JR 야마노테센 시부야역
Mark City
긴자센 시부야역
東口
이노카시라센 시부야역
南口
토요코센 시부야역
TOKYU PLAZA

오사카 미나미

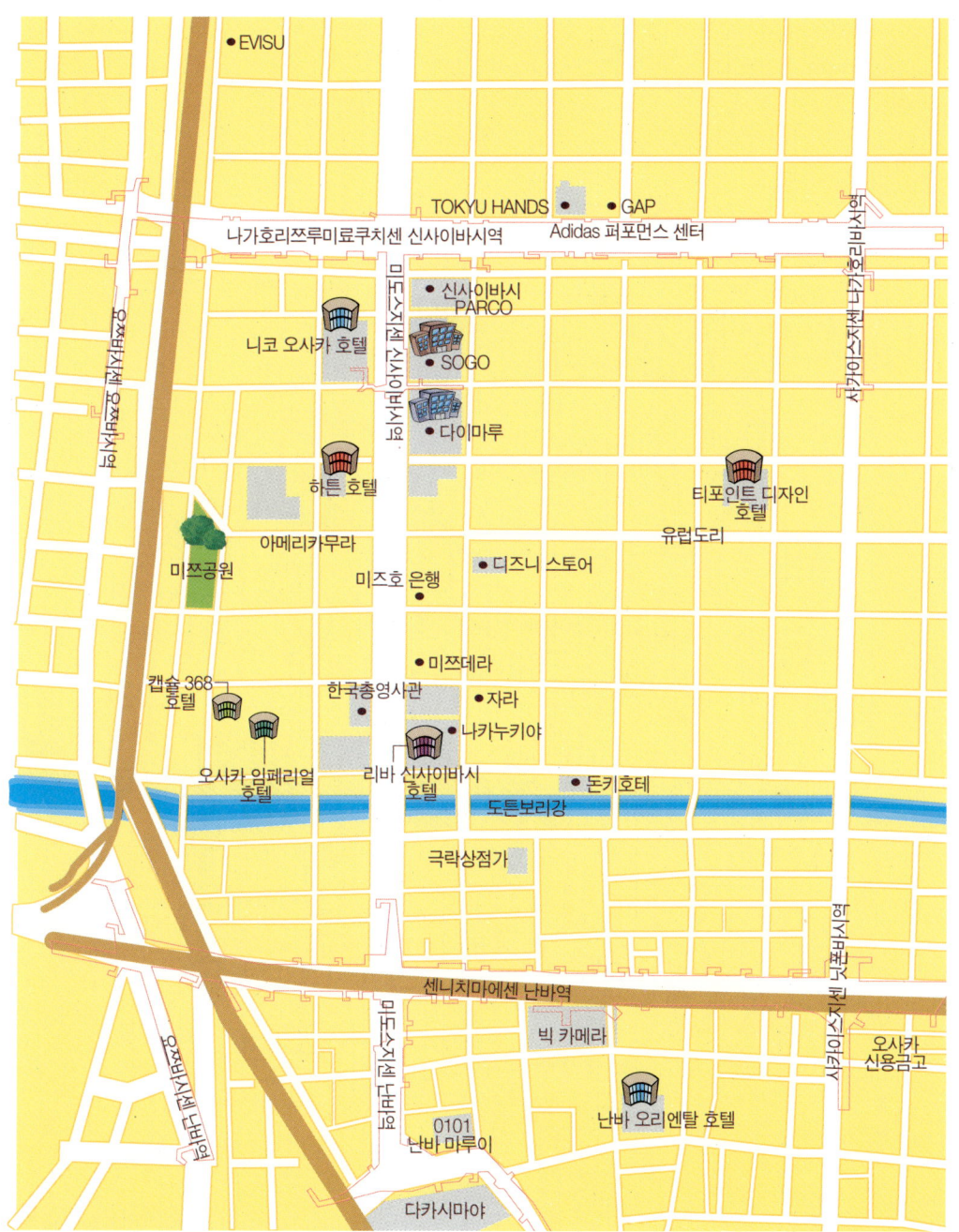

도쿄 전철 노선도

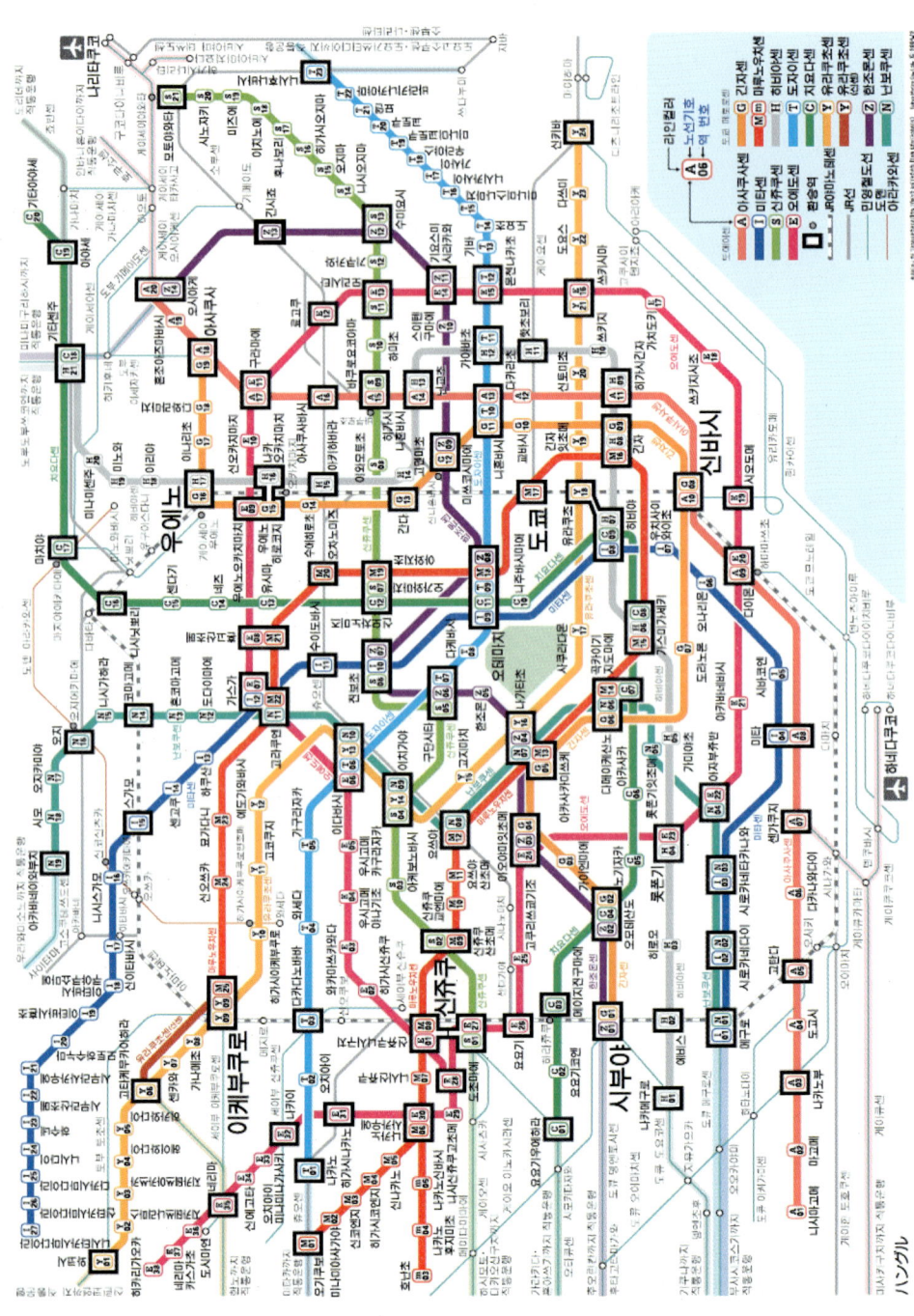

오사카 전철 노선도

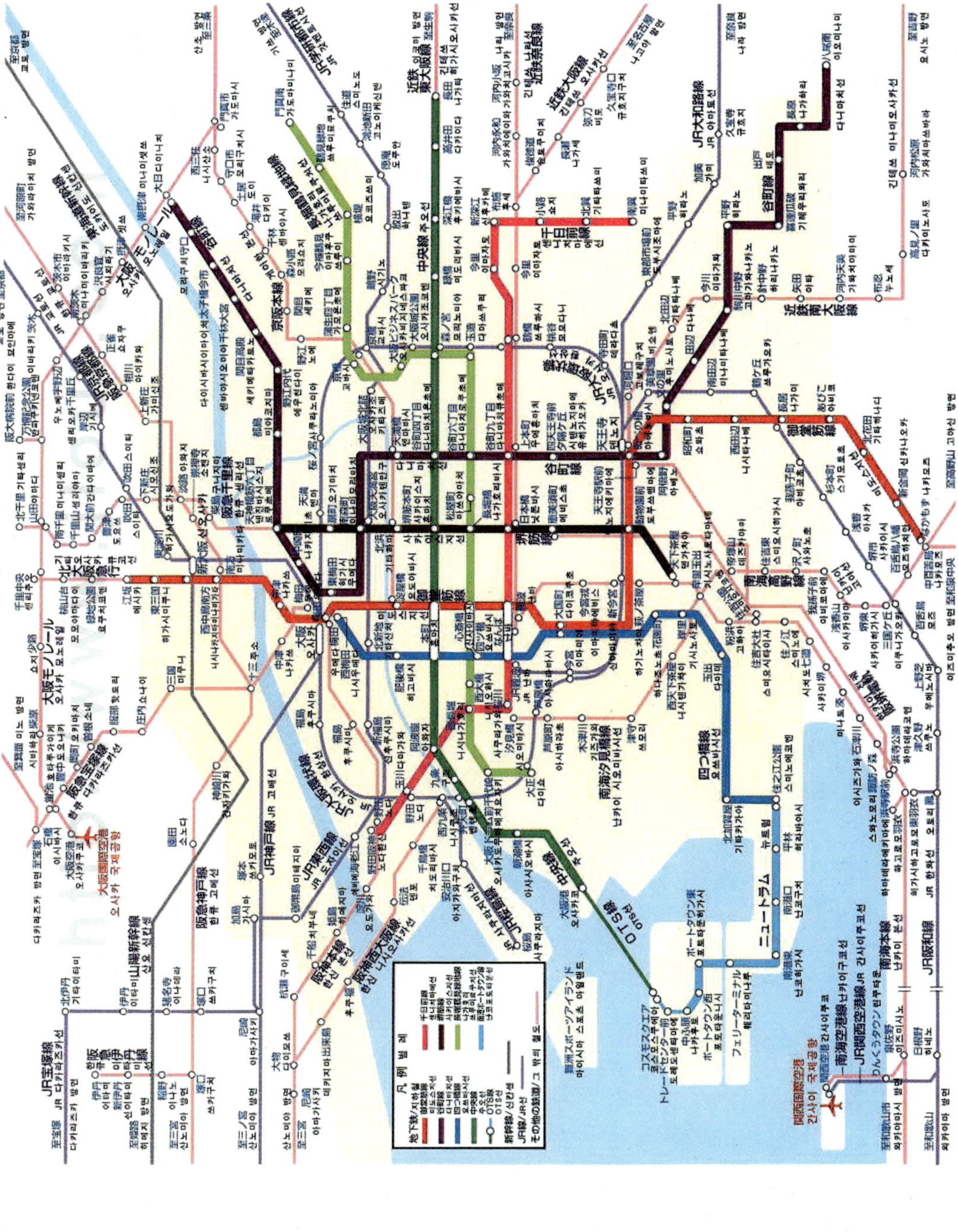

나고야 전철 노선도

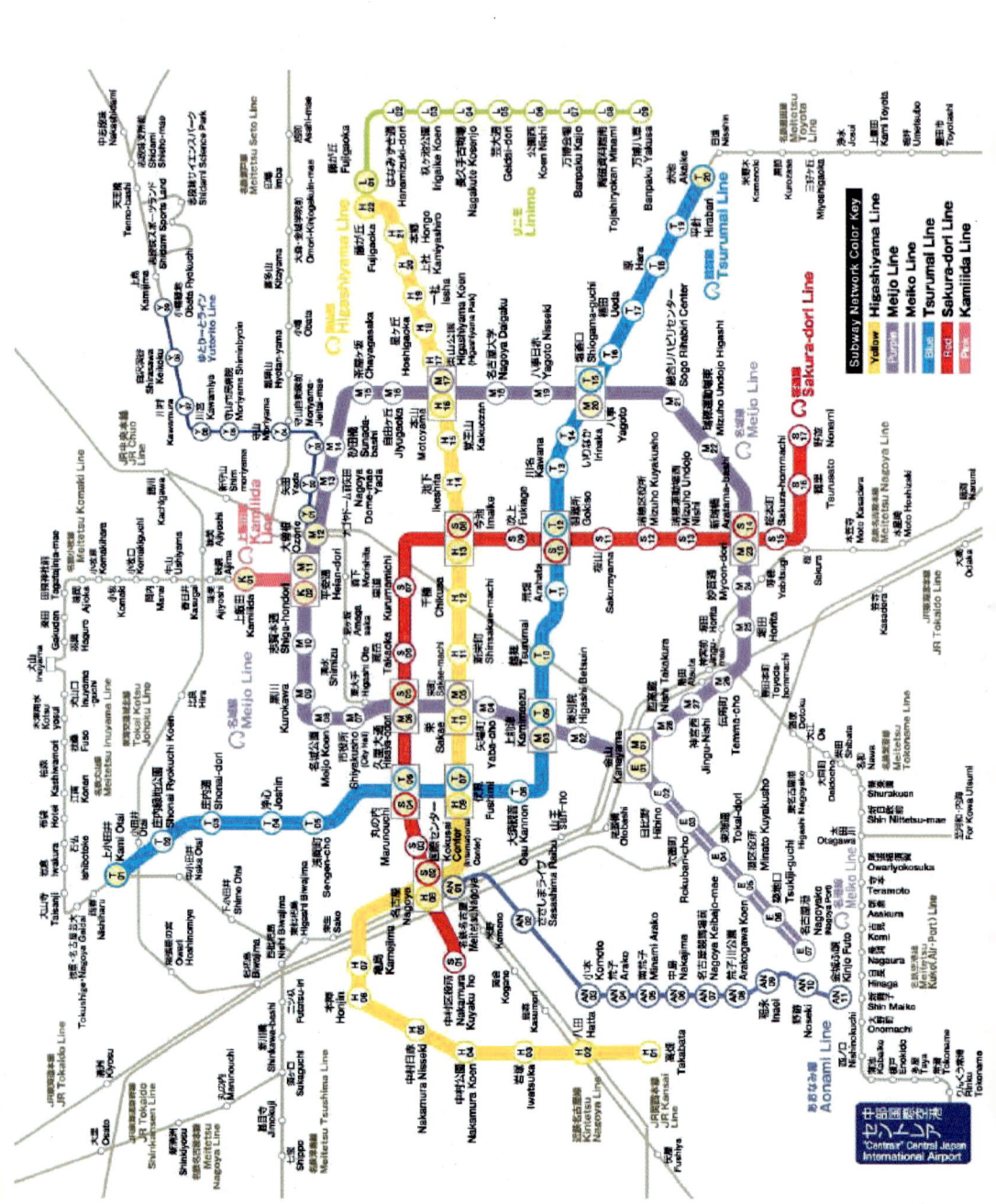

삿포로 전철 노선도

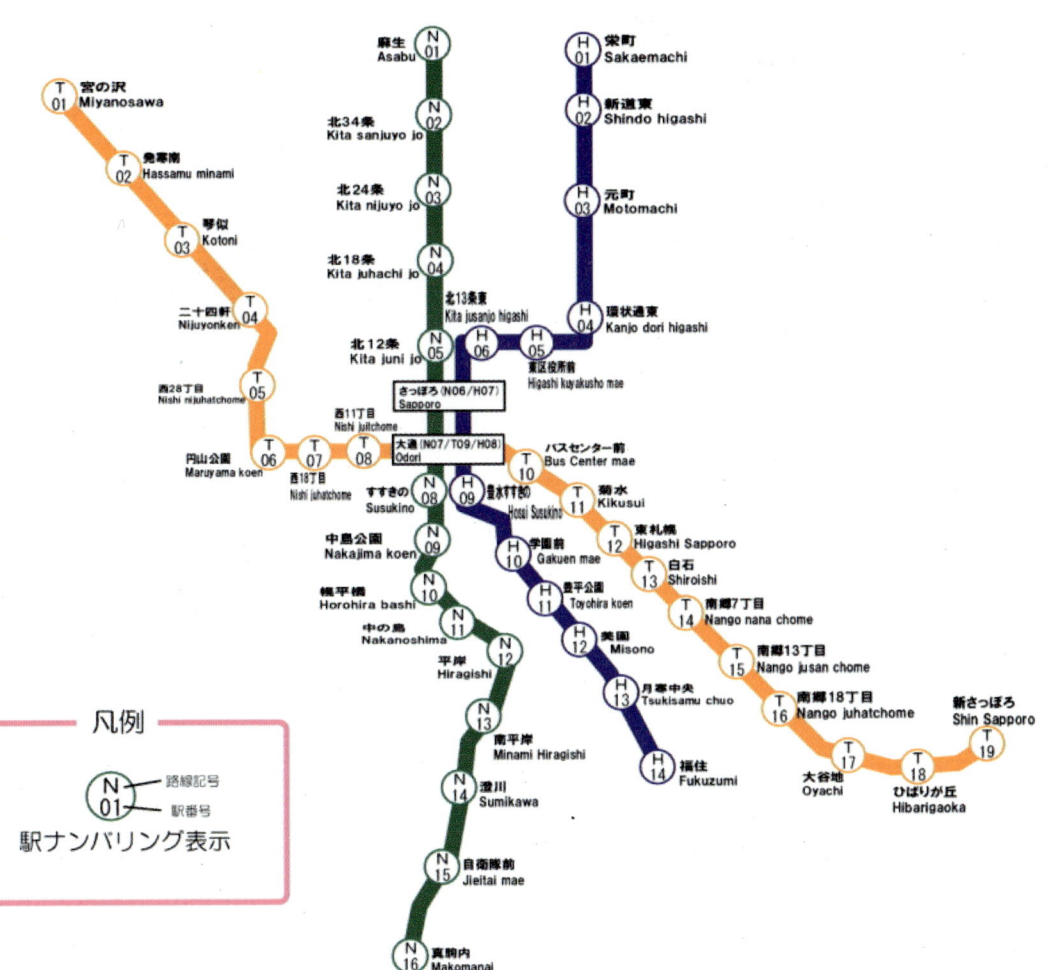

후쿠오카 전철 노선도

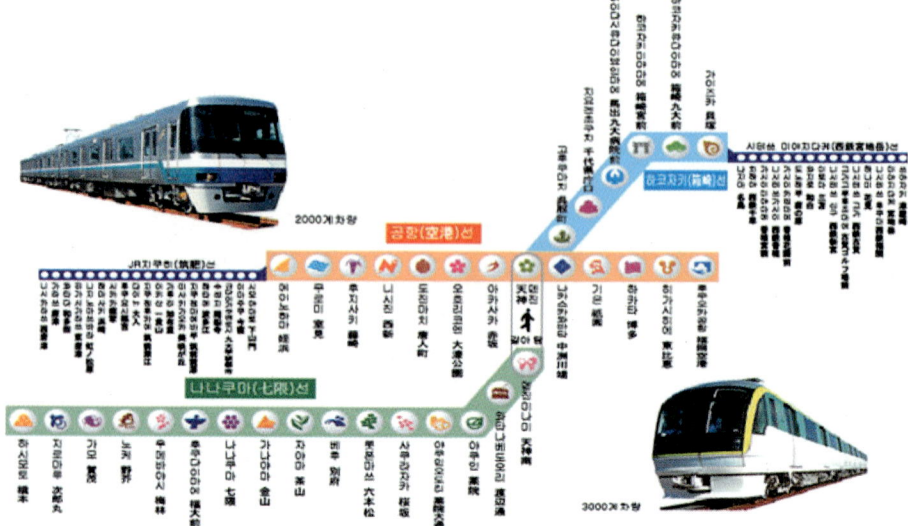

신칸센 노선

ローマ字カナ変換表 (일본어 변환표)

あ A	い I	う U	え E	お O
か KA	き KI	く KU	け KE	こ KO
さ SA	し SI	す SU	せ SE	そ SO
た TA	ち TI/CHI	つ TU	て TE	と TO
な NA	に NI	ぬ NU	ね NE	の NO
は HA	ひ HI	ふ HU	へ HE	ほ HO
ま MA	み MI	む MU	め ME	も MO
や YA		ゆ YU		よ YO
ら RA	り RI	る RU	れ RE	ろ RO
わ WA		を WO		ん NN

が GA	ぎ GI	ぐ GU	げ GE	ご GO
ざ ZA	じ ZI/JI	ず ZU	ぜ ZE	ぞ ZO
だ DA	ぢ DI	づ DU	で DE	ど DO
ば BA	び BI	ぶ BU	べ BE	ぼ BO
ぱ PA	ぴ PI	ぷ PU	ぺ PE	ぽ PO
きゃ KYA	きぃ KYI	きゅ KYU	きぇ KYE	きょ KYO
しゃ SYA/SHA	しぃ SYI	しゅ SYU/SHU	しぇ SYE/SHE	しょ SYO/SHO
ちゃ TYA/CHA	ちぃ TYI	ちゅ TYU/CHU	ちぇ TYE/CHE	ちょ TYO/CHO
にゃ NYA	にぃ NYI	にゅ NYU	にぇ NYE	にょ NYO
ひゃ HYA	ひぃ HYI	ひゅ HYU	ひぇ HYE	ひょ HYO

ふぁ FA	ふぃ FI		ふぇ FE	ふぉ FO
ぴゃ PYA	ぴぃ PYI	ぴゅ PYU	ぴぇ PYE	ぴょ PYO
みゃ MYA	みぃ MYI	みゅ MYU	みぇ MYE	みょ MYO
りゃ RYA	りぃ RYI	りゅ RYU	りぇ RYE	りょ RYO
ぎゃ GYA	ぎぃ GYI	ぎゅ GYU	ぎぇ GYE	ぎょ GYO
じゃ JA/ZYA	じぃ JYI	じゅ JU/ZYU	じぇ JE/ZYE	じょ JO/ZYO
ぢゃ DYA	ぢぃ DYI	ぢゅ DYU	ぢぇ DYE	ぢょ DYO
でゃ DHA	でぃ DHI	でゅ DHU	でぇ DHE	でょ DHO
ぢゃ DYA	ぢぃ DYI	ぢゅ DYU	ぢぇ DYE	ぢょ DYO
びゃ BYA	びぃ BYI	びゅ BYU	びぇ BYE	びょ BYO

小文字

あ XA/LA	い XI/LI	う XU/LU	え XE/LE	お XO/LO
や XYA/LYA	ゆ XYU/LYU	よ XYO/LYO		つ XTU/LTU

* つった － TUTTA　　* かっこ － KAKKO

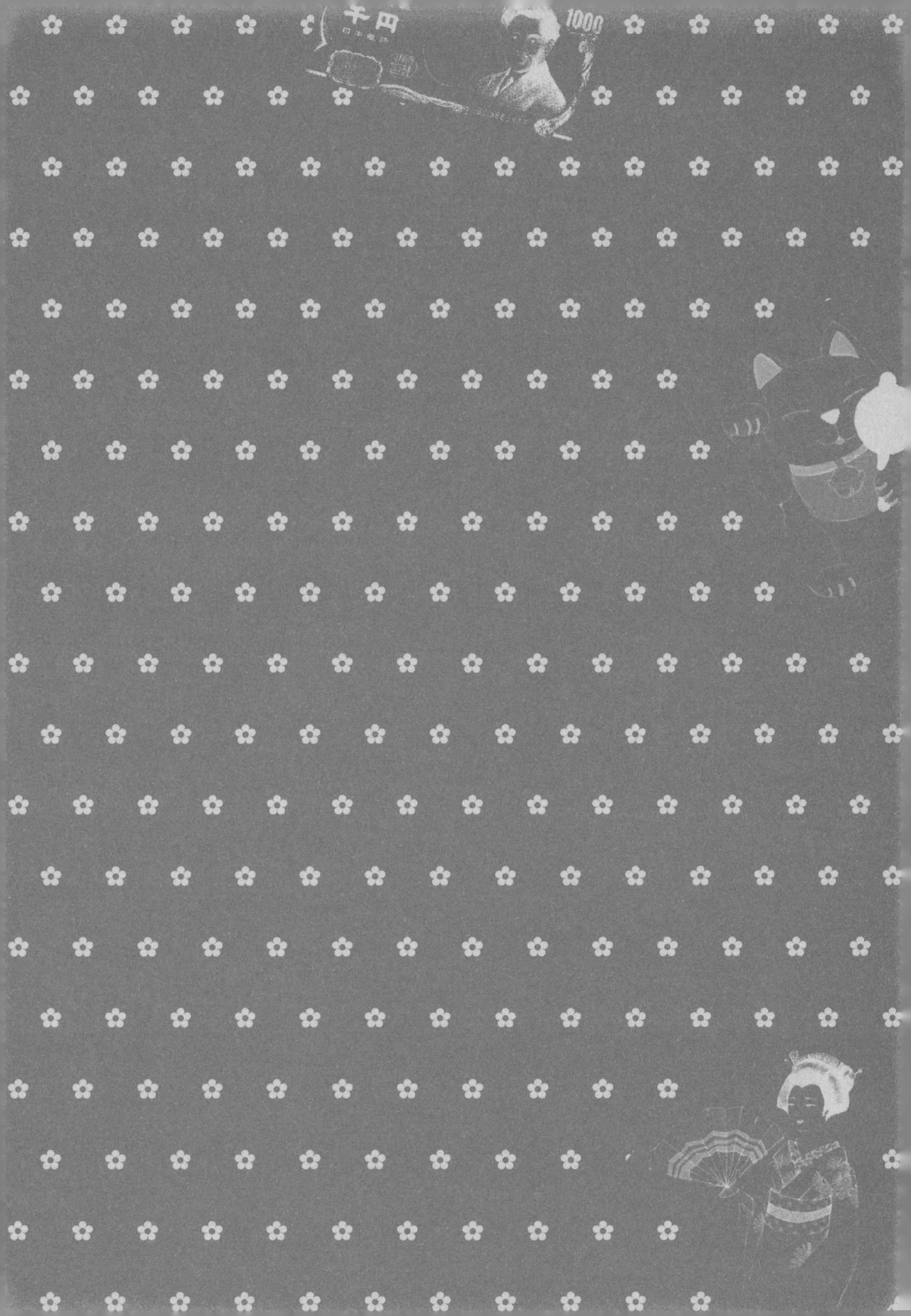

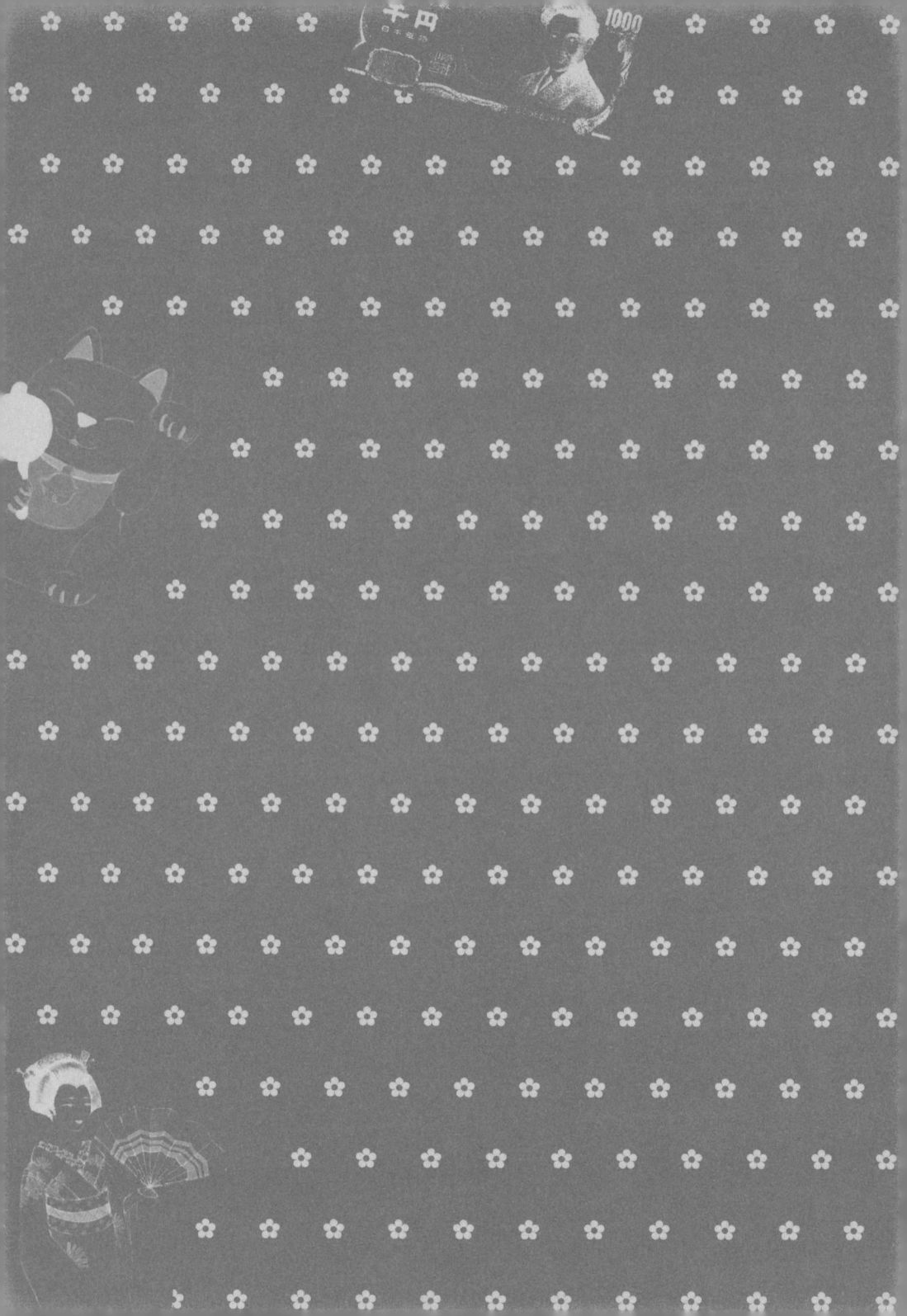

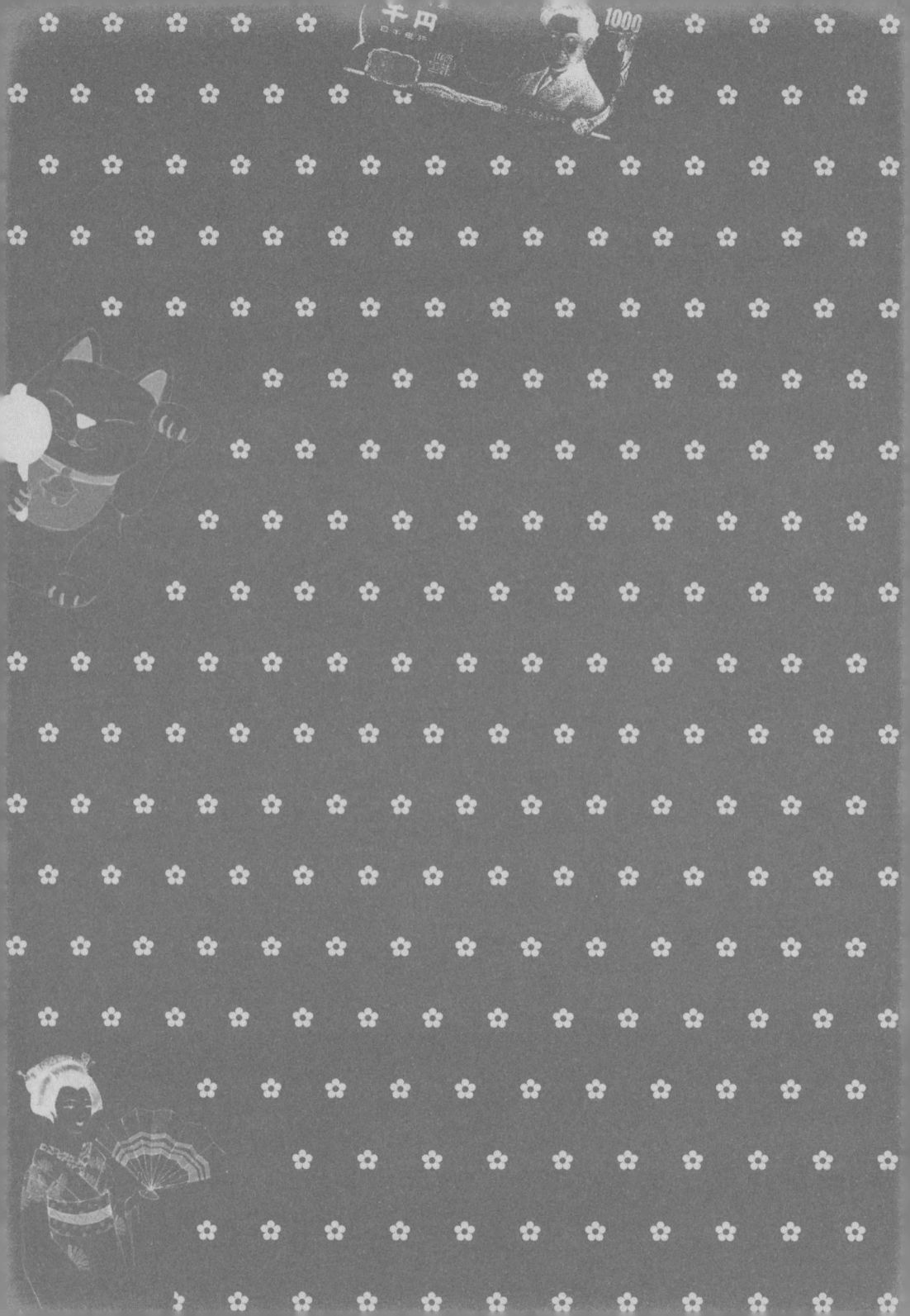